DRAWN THREAD EMBROIDERY

はじめてのドロンワーク

〈 ランチョンマット 〉
STITCH
A·K·M·R
How to make P.72

ドロンワークは、布の織り糸をたて、よこに抜き、残した織り糸の部分を束ねたり、かがることで模様を描く技法です。また白糸刺しゅうの基本になる技法で、縁飾りによく使われるヘムかがりや結びかがりの他、糸を抜いた部分に新たに糸を渡し、くもの巣かがりや花かがりを施してレースのような美しい模様を描くことができます。

この本では、ドロンワークの技法の中から、よく使われるヘムかがりなどのかがり方と、応用の21の技法に絞り、そのステッチを組み合わせて作れるドイリーなどの作品を紹介しました。テクニックのページはプロセス写真でわかりやすく解説してありますので、はじめての方でも安心して刺し進むことができます。

はじめての方は、基本作品の小さな作品からはじめてみましょう。かがることに慣れてくれば、抜く本数をかえることで同じテクニックでも様々な模様を描くことができます。

CONTENTS

PAGE		
	BASIC WORKS【基本作品】	
4	サンプラー	
6	小さな額	
8	コースター	
9	ティーマット	
10	ポーチ	
11	ランチョンマット	
12	バッグ	
14	ブックカバー&しおり	
16	ピンクッション&ソーイングケース	
18	ドロンワークをはじめる方へ	
20	**ADVANCED WORKS**【応用作品】	
21	ドイリー	
22	ドイリー	
24	ドイリー	
26	テーブルセンター	
28	ドロンワークをはじめる前に	
	材料と用具　ドロンワークの基本の流れ	

PAGE			
32		【ステッチの刺し方】	
34	A	片ヘムかがり	【布の中心を決める】【織り糸を抜き、始末をする】【刺しはじめ・捨て糸】【刺し終わり】
36	B	両ヘムかがり	【糸をつけボタンホール・ステッチをする】【ボタンホール・ステッチの裏側で糸始末をする】
37	C	フォーサイド・ステッチ	
38	D	結びかがり	【ボタンホール・ステッチに糸をつける】
39	E	3段の結びかがり	
40	F	ジグザグかがり	
41	G	すくいかがり1	
42	H	くもの巣かがり	【角に糸を渡す場合のボタンホール・ステッチ】【対角線に糸を渡す】
44	I	花かがり1	【ダーニング・ステッチをする】
46	J	花かがり2	【糸のつなぎ方】
48	K	さぎ草かがり	
50	L	花かがり3	
52	M	ダイヤモンドかがり	
53	N	波かがり	
54	O	すくいかがり2	
55	P	ダーニングかがり	
56	Q	ケーブルかがり	
57	R	フィールかがり	
58	S	ひまわりかがり	【角に糸を渡さない場合のボタンホール・ステッチ】【ボタンホール・ステッチの途中で糸が足りなくなった時のつなぎ方】
61	T	あじさいかがり	
62	U	矢車草かがり	
63		その他応用	
64		作品の作り方	

この本の作品はDMCの麻布、刺しゅう糸と針を使用しています。
糸と針については下記へお問い合わせ下さい。
ディー・エム・シー株式会社
〒101-0035　東京都千代田区神田紺屋町13　山東ビル7F　TEL.03-5296-7831
www.dmc.com　　webカタログ／www.dmc-kk.com

H—p.42 くもの巣かがり　　　　　　　　　　　　　　　　　　　　　　I—p.44 花かがり1

SAMPLER
【サンプラー】

C—p.37 フォーサイド・ステッチ

A—p.34 片ヘムかがり

B—p.36 両ヘムかがり

L—p.50 花かがり3

D—p.38 結びかがり　　　　　　　　　　　　　　　　　　　　　　E—p.39 3段の結びかがり

F—p.40 ジグザグかがり

G—p.41 すくいかがり1

J—p.46 花かがり2　　　　　　　　　　　　　　　　　　　　　　K—p.48 さぎ草かがり

サンプラー How to make p.64

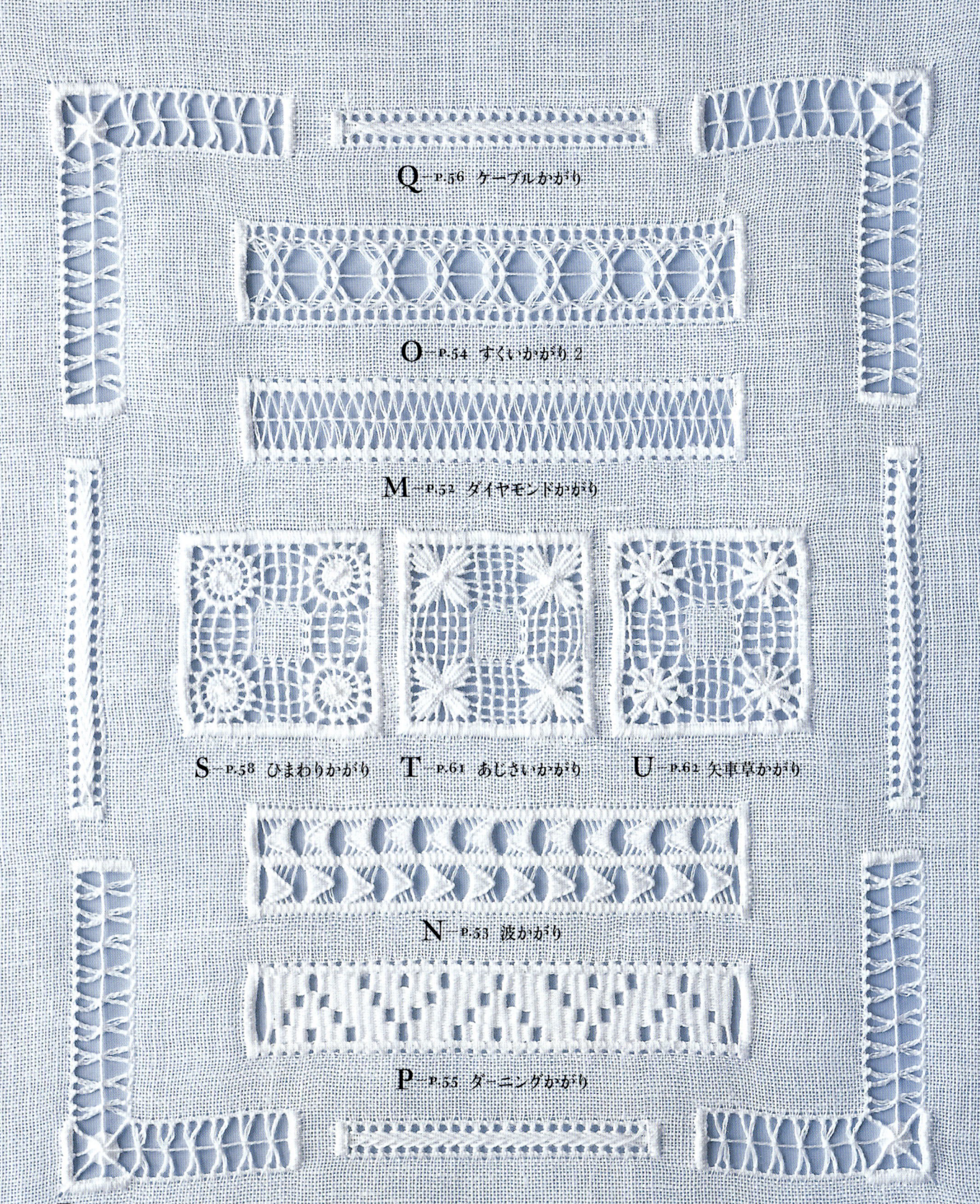

Q→P.56 ケーブルかがり

O→P.54 すくいかがり2

M→P.52 ダイヤモンドかがり

S→P.58 ひまわりかがり　　T→P.61 あじさいかがり　　U→P.62 矢車草かがり

N→P.53 波かがり

P→P.55 ダーニングかがり

R→P.57 フィールかがり

How to make P.65

BASIC WORKS【基本作品】

サンプラーで紹介した21種類の技法を組み合わせて、作品を作ってみましょう。

作品に使っている技法の組み合わせはアルファベットで記してあります。

初めての方は、小さな額やコースターなど仕立てのいらないかんたんな作品がおすすめです。

〈 小さな額 〉

STITCH
C・H・M・N・Q

How to make p.66

STITCH
G·P·Q·U
〈 +リバース ファゴット・ステッチを使って 〉

〈 コースター 〉

STITCH
A·C·D·Q·R〈左〉, A·D·I〈右〉

How to make p.68

〈 ティーマット 〉

STITCH
A·C·U 〈左〉, A·C·S 〈右〉

How to make P.69

〈 ポーチ 〉
STITCH

U 〈左〉　　　G·L 〈右〉
〈 +チェーン・ステッチを使って 〉

How to make P.70

〈 ランチョンマット 〉

STITCH
A·J·M·R
How to make P.72

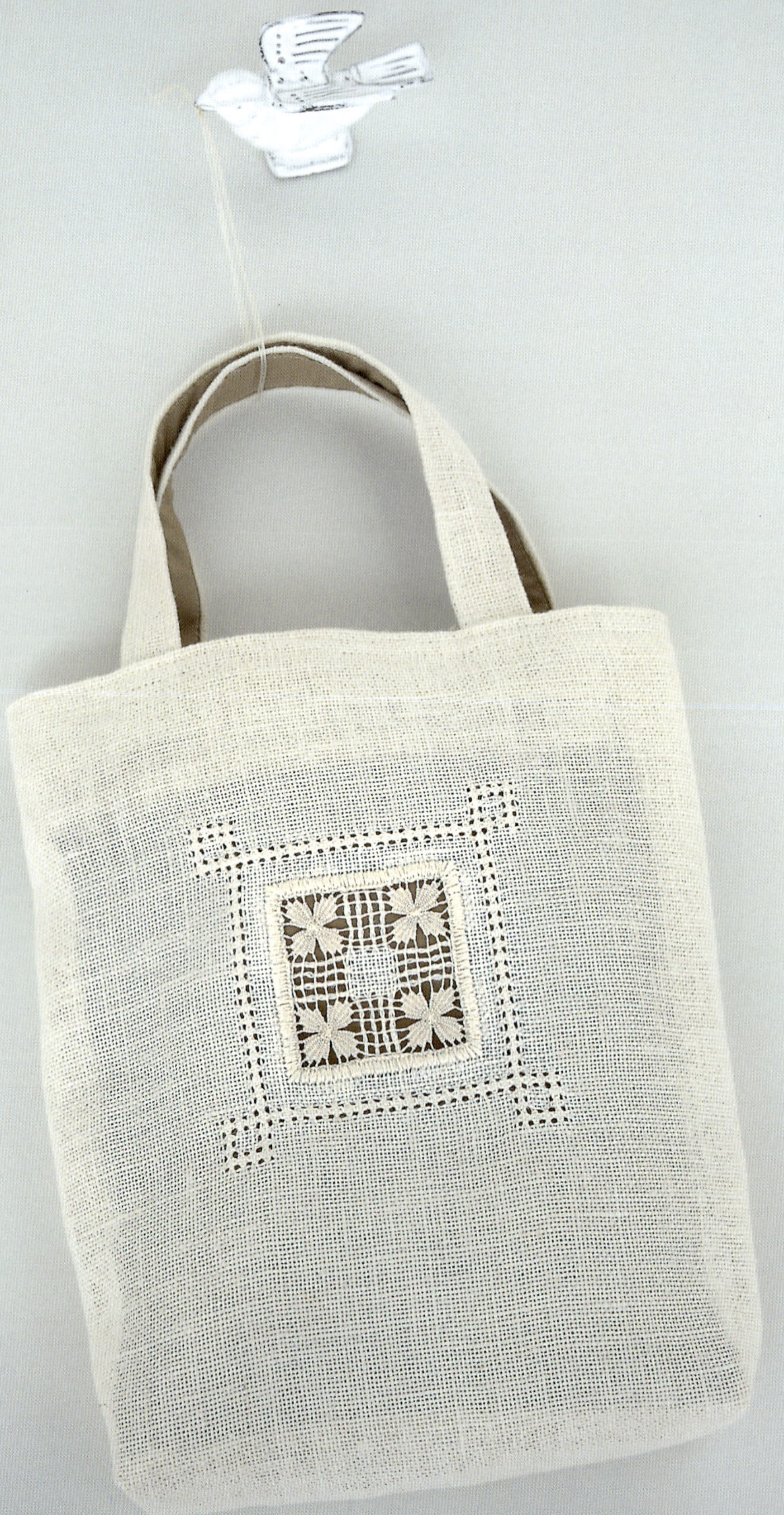

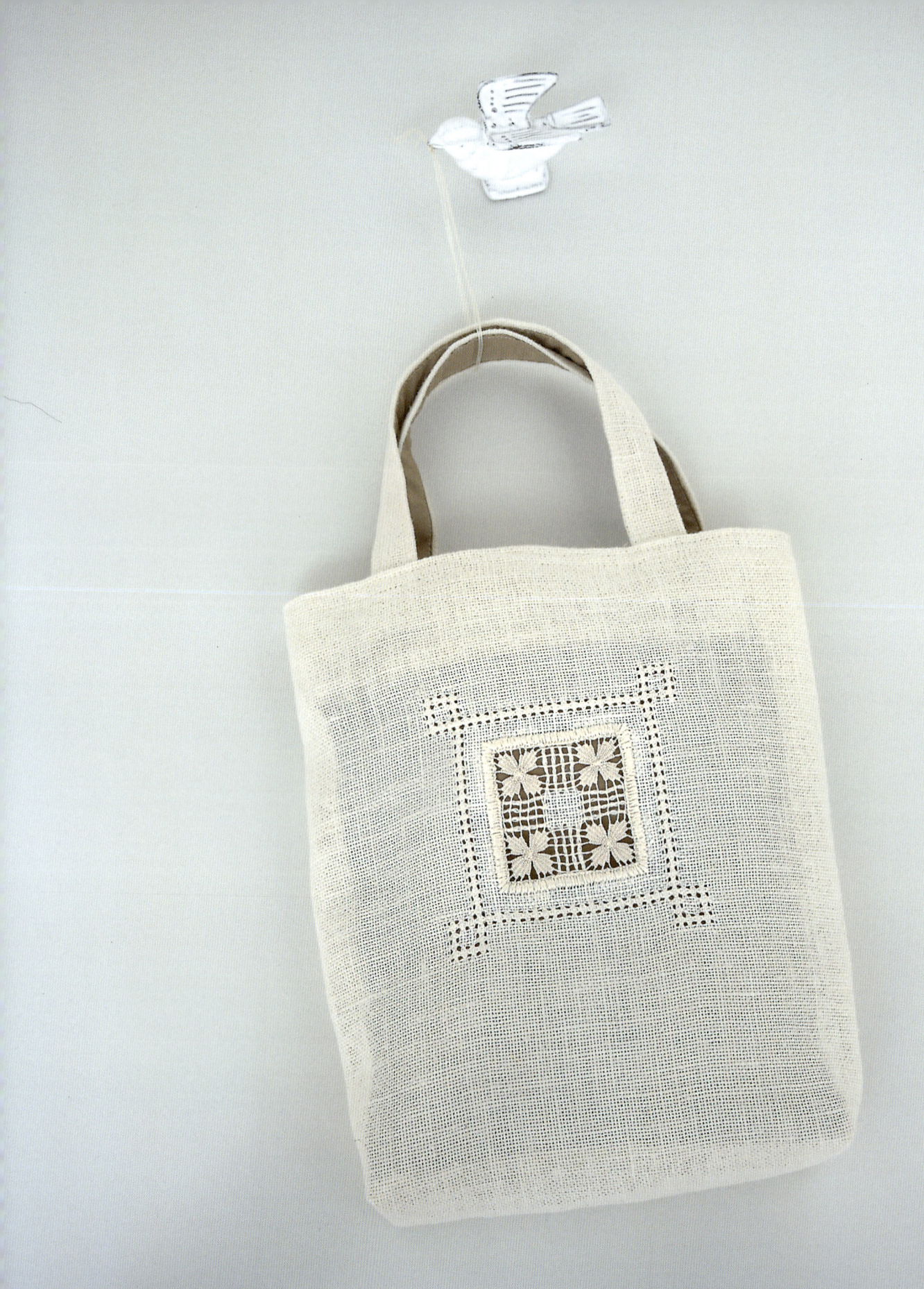

〈 バッグ 〉

STITCH
C·T

How to make P.74

〈 ブックカバー&しおり 〉

STITCH
B・N

How to make p.76

STITCH
N 〈左〉, O·Q 〈右〉

〈 ピンクッション＆ソーイングケース 〉

STITCH
E・I〈上〉, A・C・F・L〈下〉
〈 +チェーン・ステッチを使って 〉

How to make P.78

17

Drawn Thread Embroidery
Message

ドロンワークをはじめる方へ

白糸刺しゅうには多くの技法がありますが、私は織り糸を抜き、
残った糸をかがって透かし模様を作るドロンワークの技法が好きです。
「ドロン」とは英語で「引き抜く」という意味で、
ドロンワークとは糸を抜いてする手芸のことをいい、オープンワークのひとつです。
ドロンワークの発祥地はイタリアといわれ、16世紀頃に急速に発展しました。
もともとは縁かがり縫いから変化した技法で、教会の祭壇の上に美しく飾られた掛布や、
礼拝の法衣に施されたものが残されています。
白糸刺しゅうの1つであるハーダンガーもドロンワークから発展したものといわれ、
くもの巣かがりやダーニング・ステッチなど共通のテクニックが使われています。
織り糸を抜いて、糸と針で作っていくかがりはとても美しく、
模様ができ上がった時の感激は格別です。
ドロンワークは基本かがりの織り糸の抜き幅や、かがる目数を増減したり、
かがりを組み合わせることで様々な透かし模様を作ることができます。
ここからのページでは、基本のテクニックを少し応用して作れる作品をご紹介します。
模様を2列にしてみたり、階段状にデザインしてみたり、
結びかがりの段数を変えることでも変化が楽しめます。
まずは織り糸を1本抜いてみませんか？
一人でも多くの方にドロンワークの繊細な美しさに触れていただけたらとても嬉しく思います。

西須久子

Advanced works 【応用作品】

ドロンワークに慣れてきたら、もう少し根気強くがんばってステップアップしてみましょう。
かがり方は基本作品と同じですが、糸を抜く面積を増やしてみたり、
階段状に抜くことで、様々な模様を描くことができます。

〈 ドイリー 〉

STITCH
A·E·H·T

How to make p.80

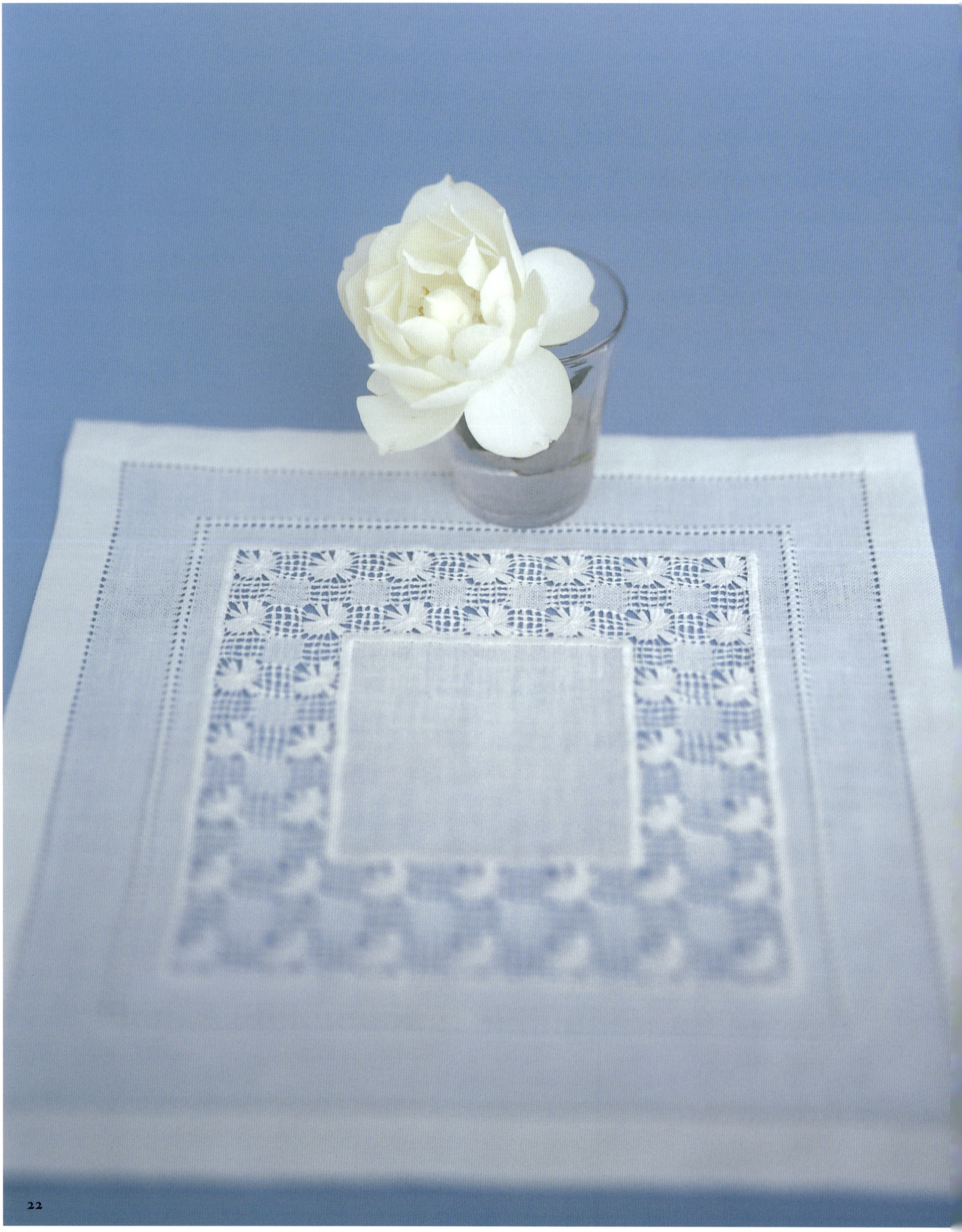

〈 ドイリー 〉

STITCH
A·C·K

How to make P.82

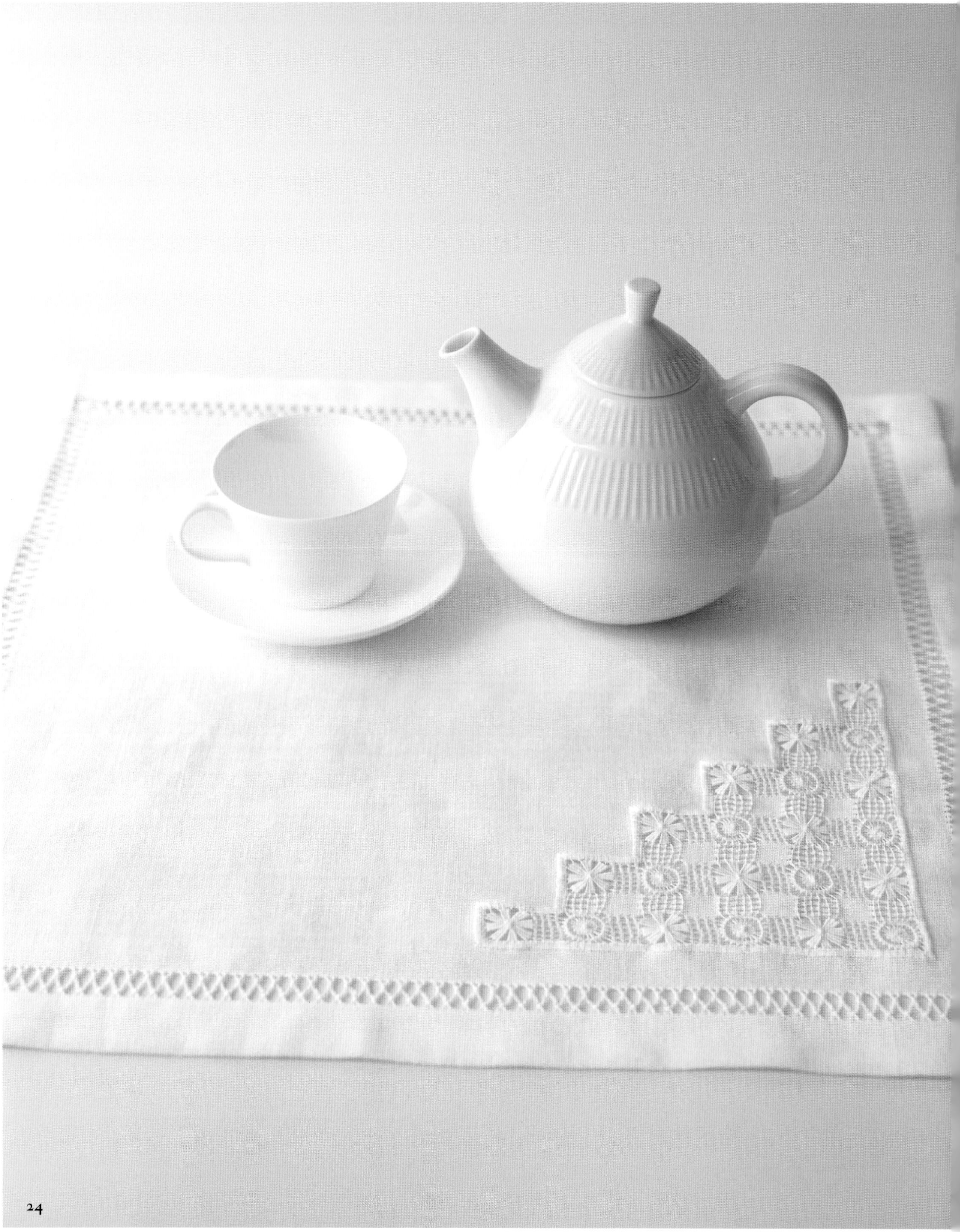

〈 ドイリー 〉

STITCH
F·H·S·T

How to make P.84

〈 テーブルセンター 〉

STITCH
A·C·E·L·Q 〈上〉,
A·E·O·Q 〈下〉

〈 +リバース ファゴット・ステッチを使って 〉

How to make **P.86**

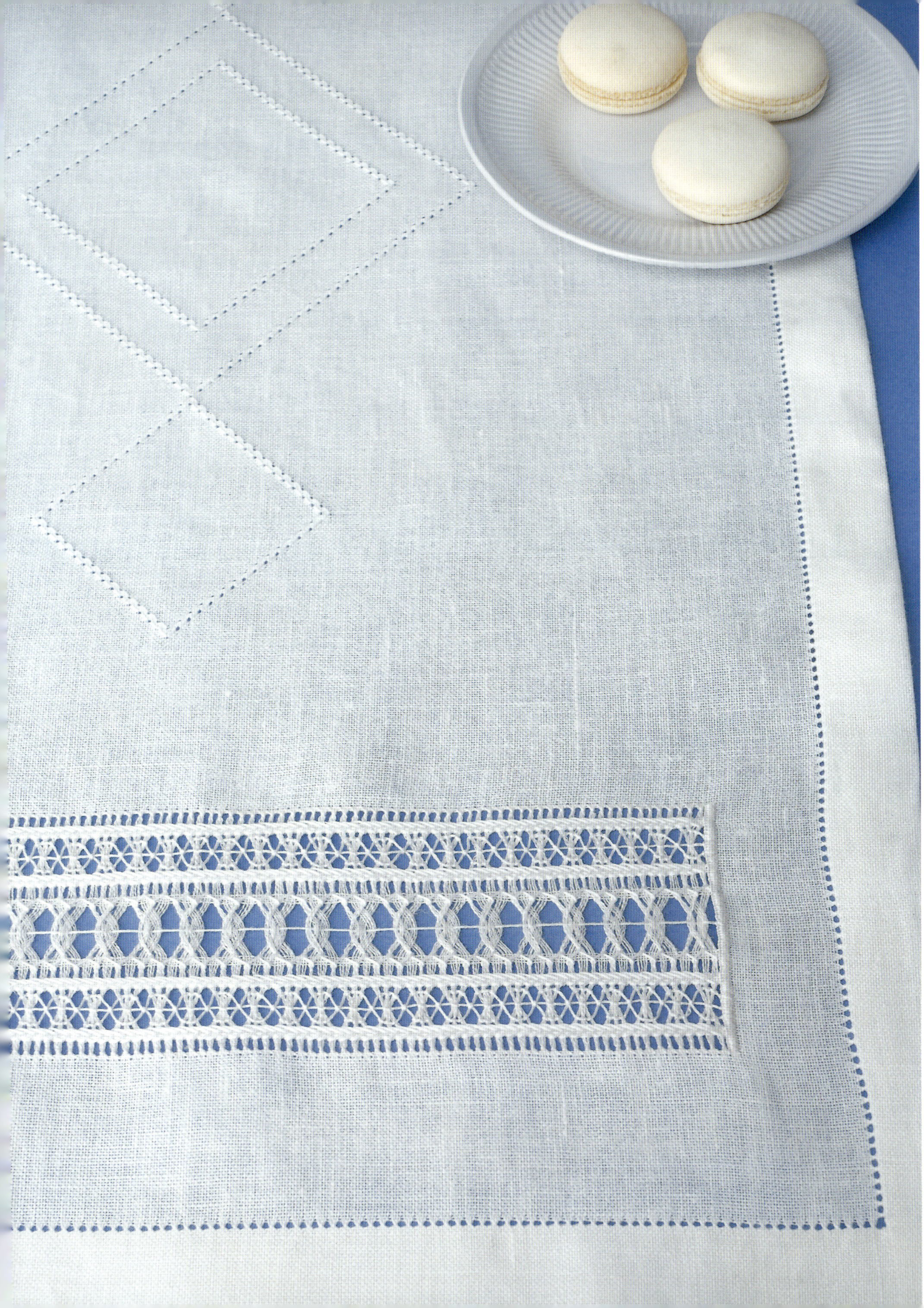

BASICS

ドロンワークをはじめる前に

はじめにドロンワークに必要な材料と用具をご紹介します。
基本的には、糸の抜ける平織りの麻布、針、刺しゅう糸、刺しゅう枠の他、
糸を抜いたり、まわりをカットする時に使う先の尖ったはさみを用意します。

MATERIALS & TOOLS
【 材料と用具 】

布

布を選ぶ時は、たて糸とよこ糸が均等に織られた麻布を選びましょう。またドロンワークは布の織り糸を抜き、残った織り糸を束ねたり、かがって模様を描くので、布の表面に織りの節などがないかよく確認をします。織り目の粗さは1cmの中の織り糸の本数（28カウント＝11目×11目、32カウント＝12目×12目など）で表示されます。この本では32カウントの麻布を主に使用しています。

はじめてドロンワークをする時には11目から12目の麻布で、糸の抜きやすいものがおすすめです。また、小さな作品を作る際は35cm×45cmのカットクロス（DMC）も売られています。作品の大きさに合わせて選びましょう。

DMC リネン　32 カウント　　ソフトコングレス（亀島商店）

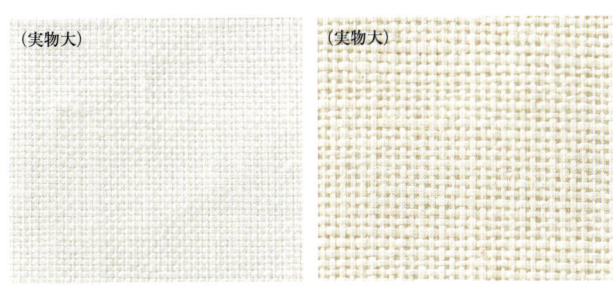

（実物大）　　　　　　　　（実物大）

麻100%　1cm角＝12目×12目　　麻100%　1cm角＝7.5目×7.5目
布幅141cm　　　　　　　　　布幅110cm

刺しゅう糸

この本ではアブローダーを主に使用しました。16番、20番、25番、30番などがあり、数字が大きいほど細くなります。また粗い布目を使う場合や、デザインでメリハリをつける時などにはコットンパール8番や25番刺しゅう糸を使用してもよいでしょう。

アブローダーや25番刺しゅう糸は束に、コットンパール8番は玉巻きになっていて、糸端を引き出して刺す面積に合わせてカットして使います。あまり長くカットすると刺しゅうをしている間に糸が擦れて細くなるので80〜90cmぐらいにカットするとよいでしょう。

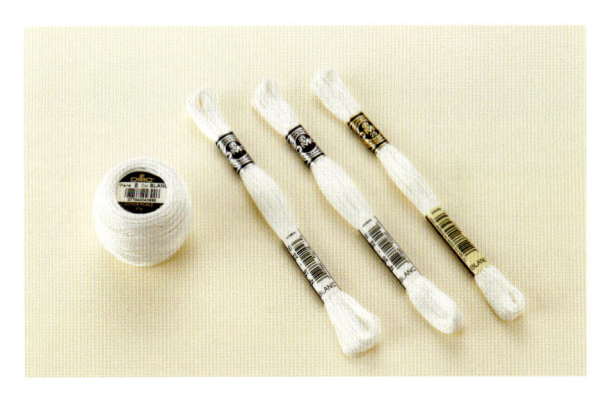

左から／コットンパール#8　アブローダー# 16
アブローダー# 20　25 番刺しゅう糸

針

先の尖った針は布目を拾う時に糸や織り糸を割ってしまい拾いにくいので、先端の丸いタペストリー針やクロス・ステッチ針がよいでしょう。数字が大きくなるほど針は細く短くなります。布の目の粗さや使用する糸の太さに合わせて選びましょう。クロス・ステッチ針の場合、#16には22番、#20には24番、25番刺しゅう糸（2本どり）には26番、コットンパール#8には22番が選ぶ目安です。

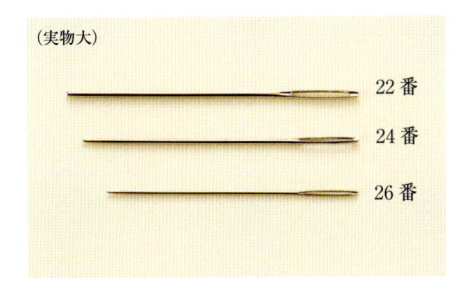

（実物大）

22番
24番
26番

はさみ

布の織り糸や刺しゅう糸をカットする時に使う刃先の尖ったはさみと、布を裁つ時に使う裁ちばさみを用意します。

刺しゅう枠

張りのある麻布の場合は、ベースのボタンホール・ステッチや片ヘムかがりは枠がなくても刺せますが、中のかがりは縮むので、必ず枠を使います。

その他
しつけ糸／カットした布のまわりがほつれないようにかがる時に使います。
メジャー／布の寸法を測ったり、刺し縮みをチェックする時に使います。透明の定規でもよいでしょう。

BASIC PROCESS

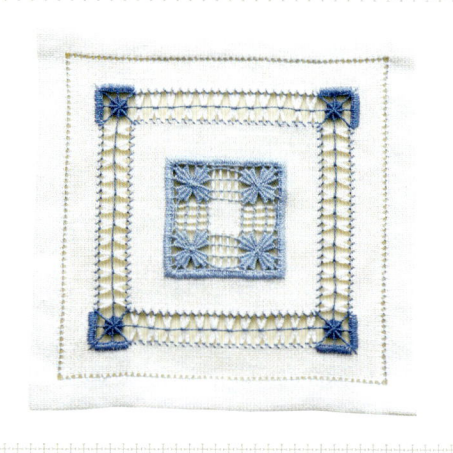

【 ドロンワークの基本の流れ 】

ドロンワークは、織り糸を抜いて、
残ったたて糸とよこ糸を束ねたり、かがることで
様々な模様を描く技法です。
ここではドイリーの工程を追って作品ができ上がるまでの流れを解説します。

［ はじめる前の下準備 ］

刺しゅうをはじめる前の下準備をしておきましょう。布のまわりをかがっておきます。
後半の作り方では省略してありますが、この作業はすべての作品に共通です。

［まわりをかがる］

カットした布は織り目がほつれやすく、そのまま刺し進むとまわりから織り糸が抜けてしまいます。裁ちばさみで必要な大きさにカットしたら、巻きかがりの要領でまわりをしつけ糸で均等にかがっておきましょう。

✤ 材料 ✤
布／DMCリネン32カウント（1cm角＝布目12目×12目）
　　白（B5200）20cm角
糸／DMC刺しゅう糸　コットンパール#8
　　ブルー濃淡（3325・334）

✤ でき上がり寸法 ✤ 15.5cm角

・この本では図案の中で織り糸を「目」と数えたり「本」と数えたりしています。「目」で表記した織り糸は残す糸、あるいは間隔を意味し、「本」で表記した織り糸は抜く糸の数を表しています。

・かがる織り糸の数は特に記載がない限り、写真解説と同じ本数です。

縁の始末
まつる
裏から
A 片ヘムかがり

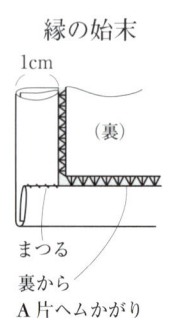

✤ 寸法と図案 ✤
・刺しゅう糸は1本どり
・刺しゅうが終わってから、まわりに2cmずつの縫い代をつけて裁ち整える

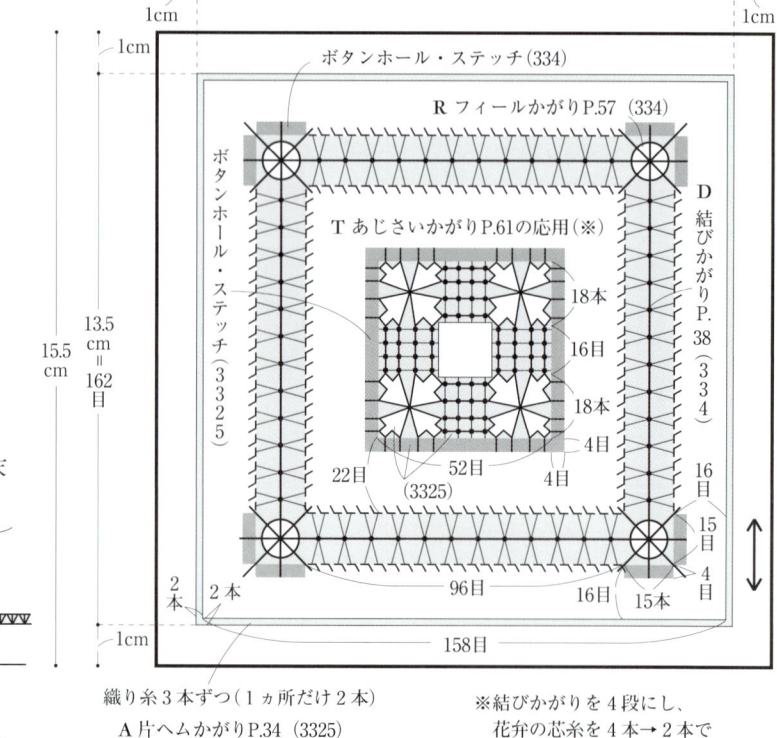

15.5cm
13.5cm = 162目
1cm

ボタンホール・ステッチ（334）
R フィールかがり P.57（334）
ボタンホール・ステッチ（3325）
T あじさいかがり P.61の応用（※）
D 結びかがり P.38（334）

18本
16目
18本
4目
22目　52目　4目
(3325)

13.5cm＝162目
15.5cm

2本　2本　96目　16目　15本
1cm
158目

織り糸3本ずつ（1ヵ所だけ2本）
A 片ヘムかがり P.34（3325）

※結びかがりを4段にし、
花弁の芯糸を4本→2本で
かがる

16目
15目
4目

30

[織り糸を抜く]

布はでき上がり寸法より大きめに用意し、
図案の配置を決め、織り糸を模様ごとにカットして抜く。
この作業で間隔を間違えると規則正しい模様が描けなくなるので、
正確に本数を確認することがポイント。

1 四つ折りにして中心にピンを打つ

2 織り糸を抜く位置にピンを打ち織り糸をカットする

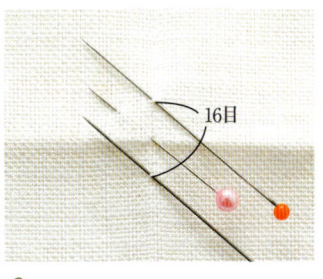

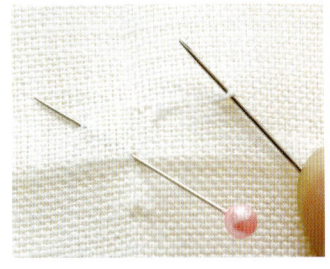

3 ピンにかかっている織り糸を2〜3目ずつすくって抜く。糸始末用に糸端は5cmくらい残す

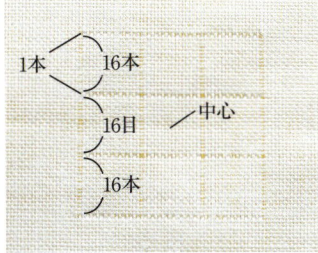

4 基準になる織り糸を抜いたところ

5 はさみで中央下からたて糸を切らないようにカットし、残りの織り糸を抜く

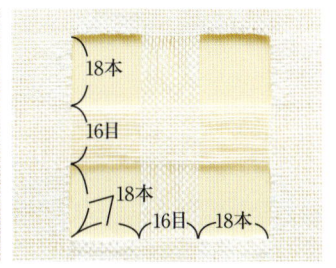

6 抜いた部分の糸端を1本ずつ針に通し、織り糸をすくって始末をする（P.34 A 4〜8参照）

[模様をかがる]

刺し縮みや模様がずれないように中央から模様をかがる。
縁まわりは布端を折り返しながら裏側から片ヘムかがりで始末をする。

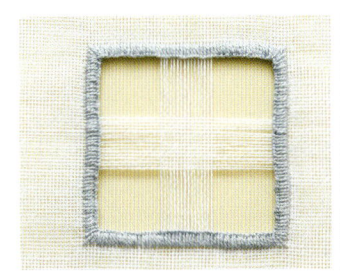

1 ボタンホール・ステッチをする

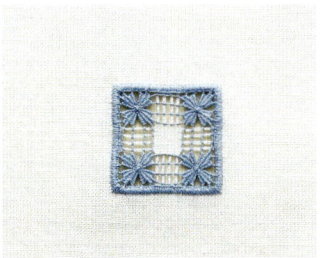

2 中央の模様をかがる

3 外側の織り糸を抜き、模様をかがる

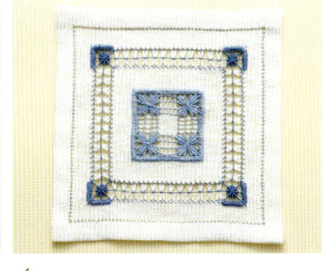

4 裏側から片ヘムかがりをしながら縁の始末をする。でき上がり

[仕上げ・洗濯をする場合]

かがり終わったら、裏から十分に湿らせて、
刺しゅう面がつぶれないように、タオルの上で裏側からアイロンをかける。
模様のレース部分を引っ張り過ぎないように気をつける。
洗濯をする場合は、おしゃれ用洗剤で押し洗いをし、
軽く絞ってから、乾いたタオルに中表にくるみ、
水分を取ってからアイロンをかける。
のりを使うと変色をすることがあるので注意する。

1 洗い終わったら乾いたタオルの上に表を下にしてのせ、くるくる巻いて水分を取る

2 新しいタオルに重ね、刺しゅう面の裏側から布目に沿ってアイロンをかける

BASIC EMBROIDERY TECHNIQUE

ステッチの刺し方

INDEX & MARKS
インデックスとステッチの記号一覧

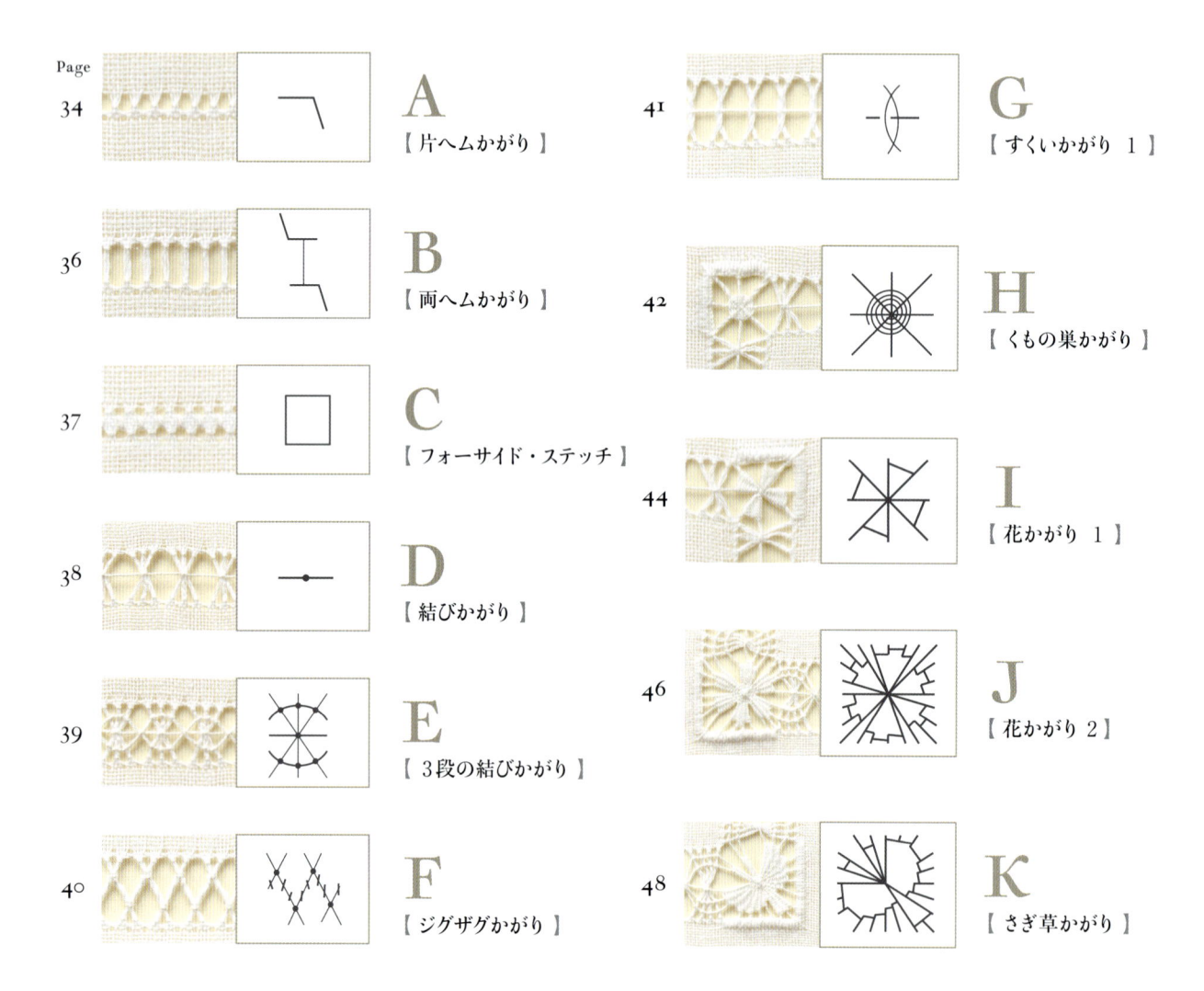

Page		
34	A	【片ヘムかがり】
36	B	【両ヘムかがり】
37	C	【フォーサイド・ステッチ】
38	D	【結びかがり】
39	E	【3段の結びかがり】
40	F	【ジグザグかがり】
41	G	【すくいかがり 1】
42	H	【くもの巣かがり】
44	I	【花かがり 1】
46	J	【花かがり 2】
48	K	【さぎ草かがり】

それでは、この本で使っている21種類のステッチの刺し方を解説します。
刺しはじめと刺し終わりはA【片ヘムかがり】、B【両ヘムかがり】を参照して下さい。
刺しはじめは結び玉を作らずに、刺しゅうの渡り糸に隠れるように、ランニング・ステッチをするか、
まわりを囲ったステッチの裏側に糸をくぐらせて刺しはじめます。
刺し終わりは、ボタンホール・ステッチの裏側に糸をくぐらせます。
または、抜いた糸をかがった模様や上下の片ヘムかがりの裏側などで始末します。
この本では、布をすくう針の向きがわかりやすいように、一部を除き、布の向きを同じ方向にして解説してありますが、
刺しやすい方向に布を回転しながら刺しましょう。

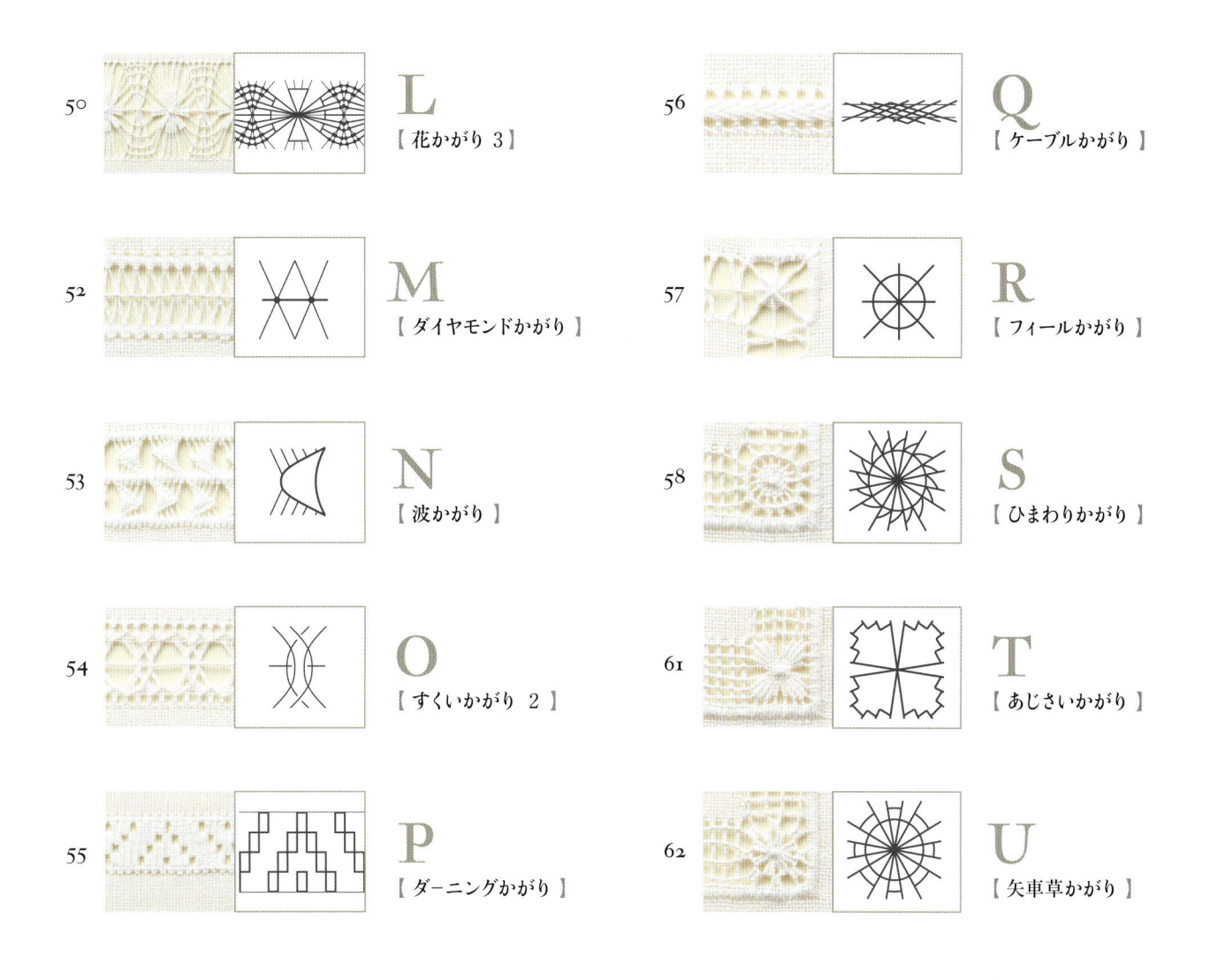

50	L 【花かがり 3】	56 Q 【ケーブルかがり】
52	M 【ダイヤモンドかがり】	57 R 【フィールかがり】
53	N 【波かがり】	58 S 【ひまわりかがり】
54	O 【すくいかがり 2】	61 T 【あじさいかがり】
55	P 【ダーニングかがり】	62 U 【矢車草かがり】

63 【その他応用】

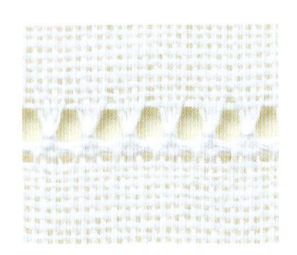

A
BASIC EMBROIDERY TECHNIQUE
【 片ヘムかがり 】

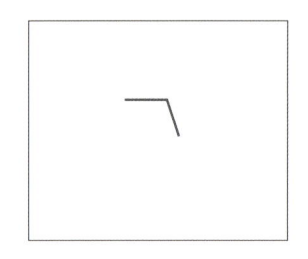

模様のまわりを囲う時やテーブルクロスなどの縁の始末によく使われるステッチです。
模様のまわりを囲う時は表側を右から左へ向かって刺し進み、縁の始末の時は裏側を見ながら左から右へ向かってかがります。

【 布の中心を決める 】

1 布を四つ折りにし、指で押さえて折り山をつけ、中心にまち針を打つ

【 織り糸を抜き、始末をする 】

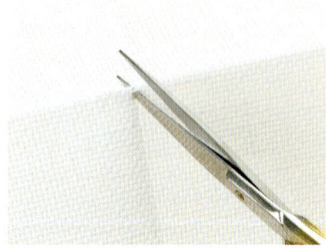

2 中心のよこ糸3本（抜きたい本数）をすくって糸を切る

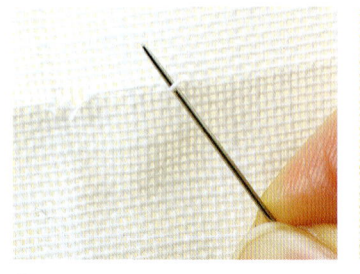

3 2～3目ずつ針先を使って1本ずつ糸を抜く

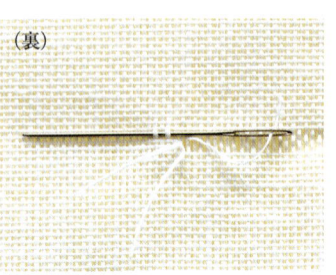

4 糸端を始末する。布を裏返し、織り糸の端は5～6cmほど残してカットし、1本ずつ針に通してたての織り糸を約1cmすくって通す

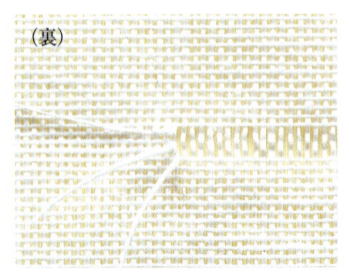

5 1本めを通したところ

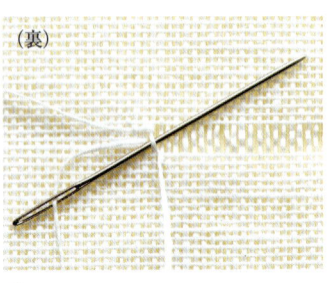

6 2本めは刺しゅう面のたてのラインが揃うように織り糸1本を戻るようにしてすくう

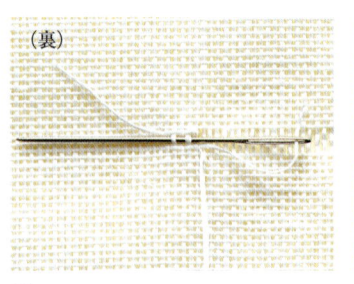

7 2本めを通す。同じ要領で両側を始末する

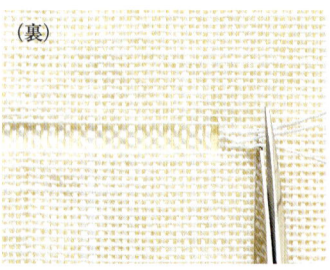

8 両側を通し終わったところ。残りの織り糸はカットし、糸始末のでき上がり。表に返す

【 刺しはじめ・捨て糸 】

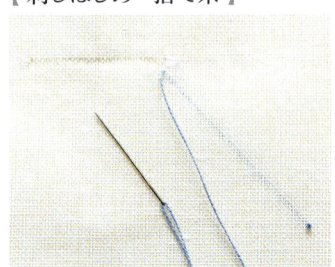

9 糸端を玉結びし、7～8cm外側から針を入れ、刺しはじめの位置に針を出す。これを捨て糸という

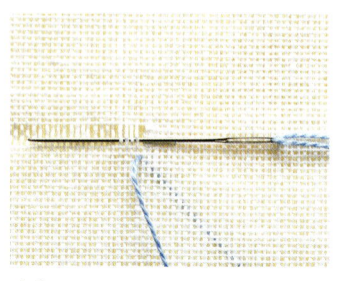

10 織り糸4本（かがる本数）をすくう

11 10ですくった4本の織り糸の右側から針を入れ、2目下から針を出す

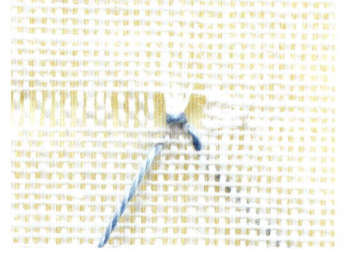

12 織り糸を束ねるように糸を引く

34

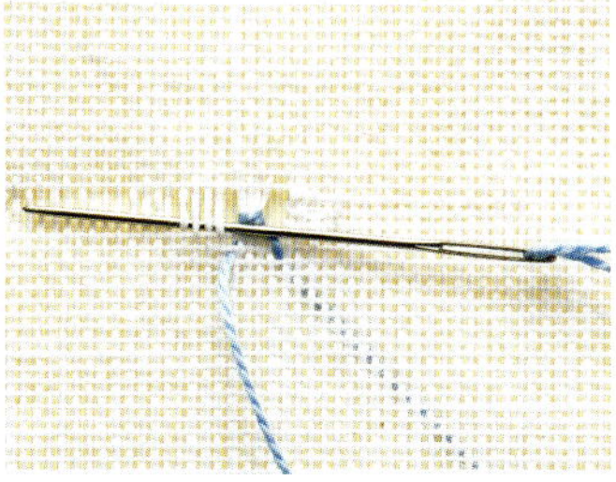

13 10〜12を繰り返し、織り糸4本ずつかがる

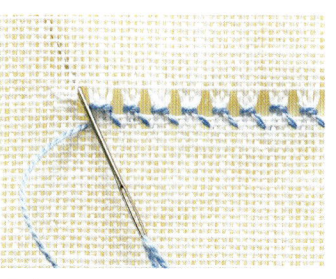

14 端までかがり終わったら針を裏に出す

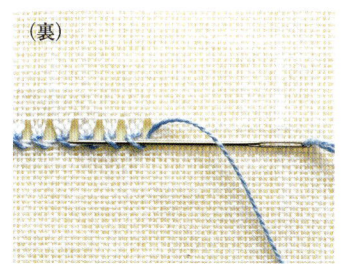

【刺し終わり】

15 布を裏返し、かがり糸の裏側を2目すくう

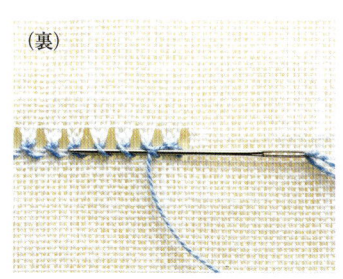

16 1目戻って3目すくい、糸を引く。根元で糸をカットする

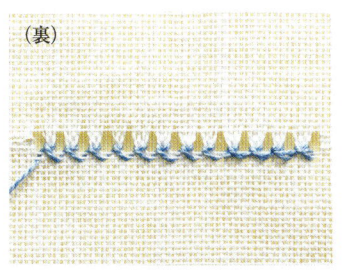

17 かがりはじめの捨て糸も玉結びをカットし、同じ要領で始末する

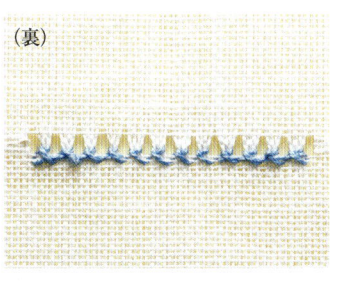

18 両側が始末できたところ

19 でき上がり

〔 Aの糸の流れ 〕

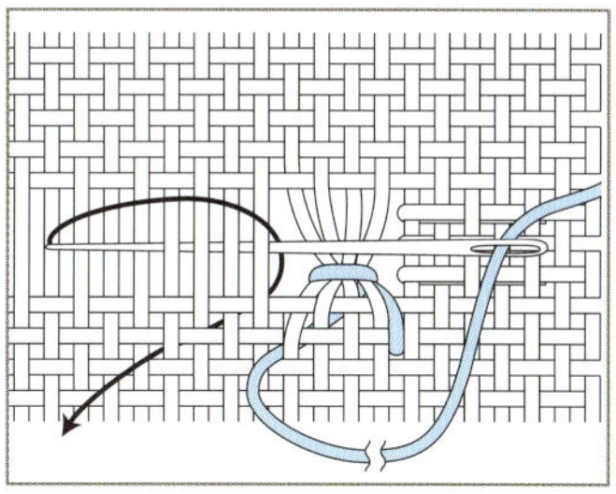

〔 縁の始末の場合 〕裏側を見て左から右にかがる

1 縫い代の内側から針を出し、織り糸4本をすくう

2 表にひびかないように縫い代だけすくう

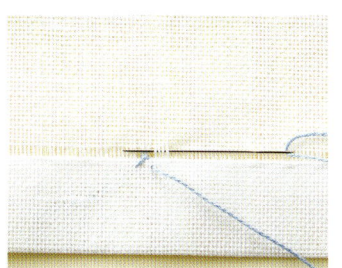

3 織り糸4本をすくう。続けて端までかがる

4 端までかがったら、たて方向を続けてかがる。縫い代の重なり部分はあとからまつる

B

Basic embroidery technique

【 両ヘムかがり 】

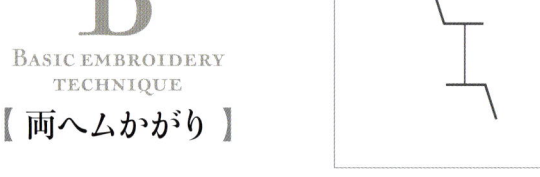

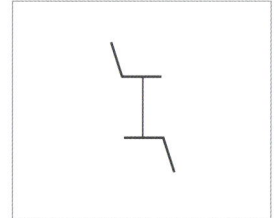

抜いた織り糸の両側に片ヘムかがりをすると両ヘムかがりになります。織り糸のサイドはボタンホール・ステッチでかがります。

✛ P.34 A 片ヘムかがり 1〜8 を参照し、糸を抜く。
✛ まわりをかがる時は、刺しやすい向きに布を回転させてかがる。
✛ 刺し終わりはボタンホール・ステッチの裏側で糸始末をする。

【 糸をつけボタンホール・ステッチをする 】

1 よこ糸を抜き、糸始末をしたところ

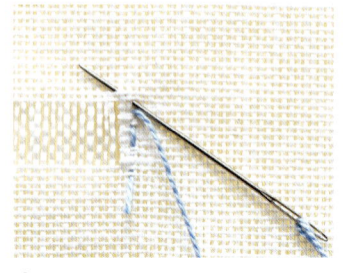

2 糸端は玉結びをせず、2目外側にランニング・ステッチをし、抜いた織り糸の2目上側に針を出す

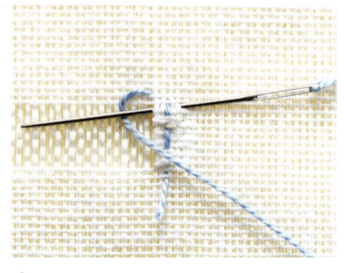

3 糸を引き、4目すくって糸をかけ、糸を引く

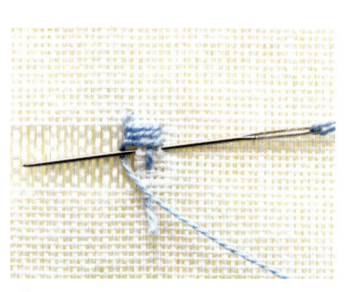

4 3を繰り返し、ボタンホール・ステッチをする。3目刺したところ

【 ボタンホール・ステッチの裏側で糸始末をする 】

5 端まで刺し終わったら、2目下側の片ヘムかがりの最初の目に針を出す

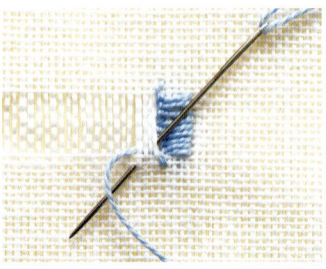

6 片ヘムかがりでかがる（P.34 A 10〜12参照）

7 端までかがったら、布の向きをかえながらボタンホール・ステッチと片ヘムかがりで1周する

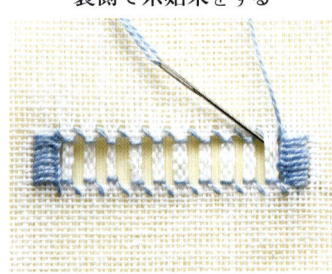

8 最後は裏側に針を出す

9 （裏）布を裏返し、渡り糸の裏側をすくう

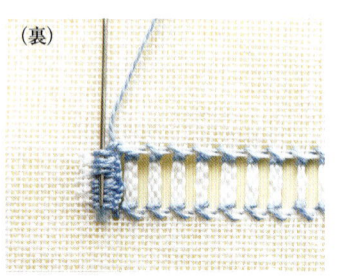

10 （裏）ボタンホール・ステッチの裏側を3〜4目すくう

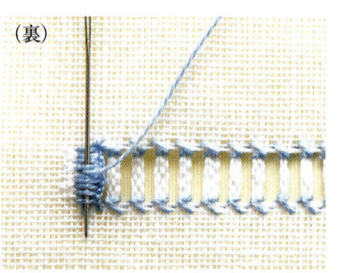

11 （裏）1目戻り、もう一度3〜4目すくって糸を切る

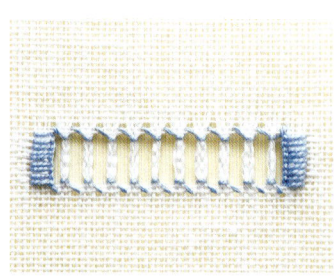

12 でき上がり

C

BASIC EMBROIDERY TECHNIQUE

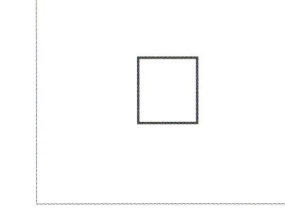

【 フォーサイド・ステッチ 】

たて、よこ、斜めの繰り返しで四角形を作るステッチです。裏側の渡り糸はクロスになっています。

✣ P.34 A 片ヘムかがり 1～8 を参照し、糸を抜く。
✣ 刺し終わりは A 片ヘムかがり 15～16 を参照し、裏側で表にひびかないように渡り糸に通して糸始末をする。

1 よこ糸を中央に4本（かがる本数）残し、上下1本ずつ抜いたところ

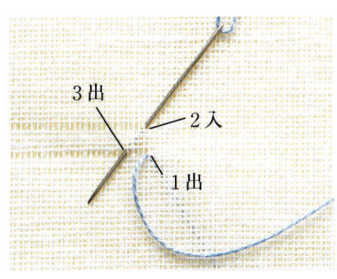

2 捨て糸（P.34 A9参照）をして糸をつけ、1から針を出し、2に針を入れて4目めの3に針を出す

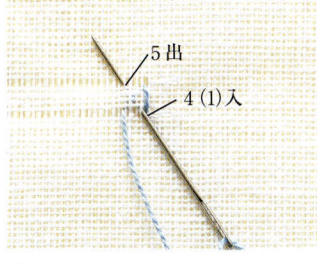

3 糸を引き、4(1)に針を入れ4目めの5に針を出す

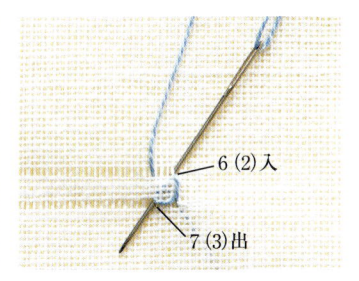

4 6(2)に針を入れ、7(3)に針を出す

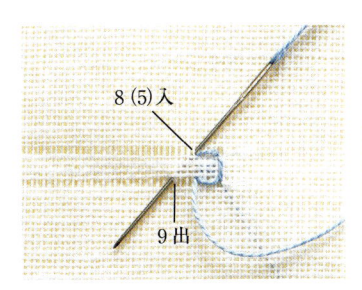

5 8(5)に針を入れて次の4目め9に針を出す

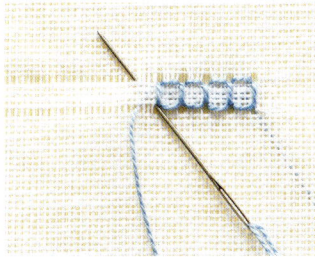

6 3～5を繰り返して刺し進む

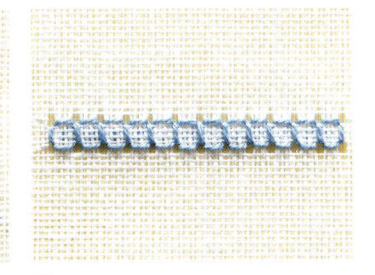

7 でき上がり

〔 B, C, D の糸の流れ 〕

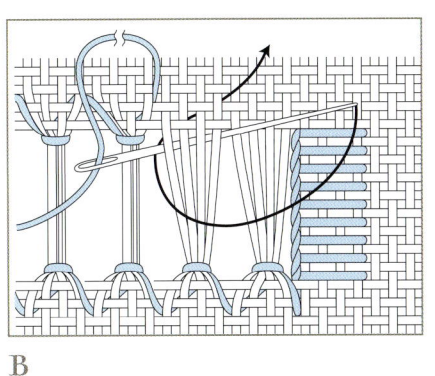

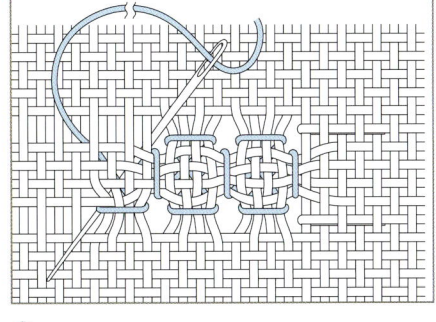

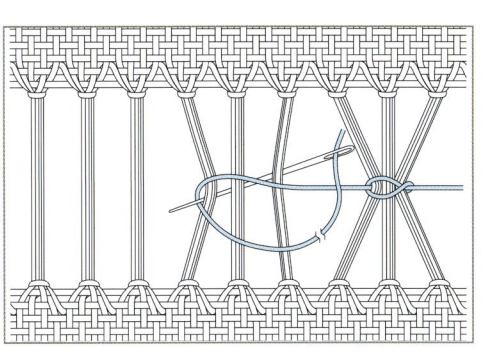

B

C

D

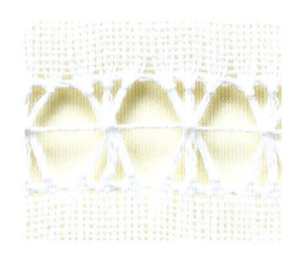

D

BASIC EMBROIDERY TECHNIQUE

【 結びかがり 】

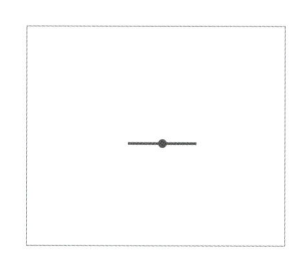

両ヘムかがりの中央に、織り糸3束ずつを結びながら刺し進むかがり方です。
ドロンワークの基本的なかがり方で、束ねる織り糸の数を変えることで様々な模様を作ることができます。

÷P.36を参照し、両ヘムかがりをする。
÷刺し終わりはP.36 B 8〜11を参照し、ボタンホール・ステッチの裏側で糸始末をする。

【 ボタンホール・ステッチに糸をつける 】

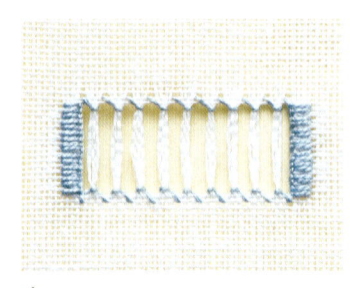

1 両ヘムかがりができたところ

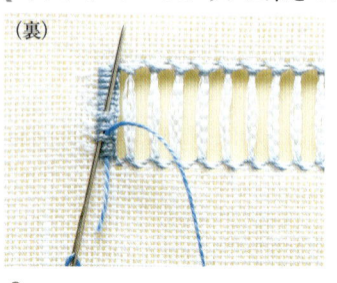

2 布を裏返し、ボタンホール・ステッチの裏側の糸を3〜4目すくい、1〜2目戻って更にすくう

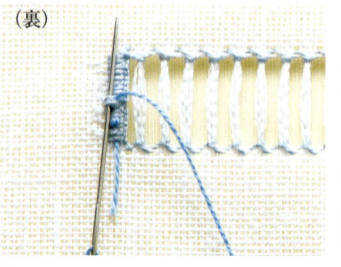

3 糸を引き、もう一度返し針の要領で1〜2目すくうことを2回繰り返し、ボタンホール・ステッチの中央から表に針を出す

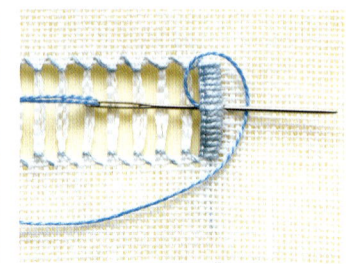

4 布を表に返し、ボタンホール・ステッチをすくい、糸をかけて左に引く

【 結びかがりをする 】

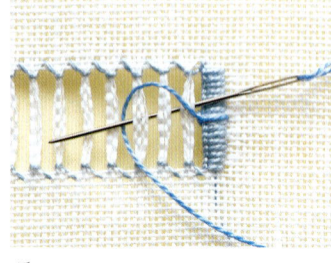

5 織り糸3束をすくって糸をかけ、一度右に引く

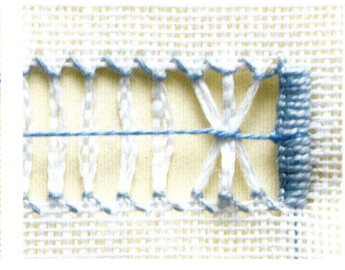

6 糸を引きしめる

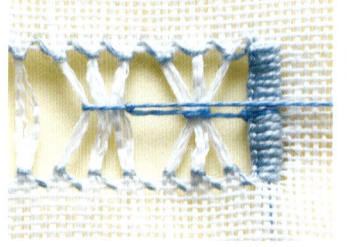

7 次の3束をすくって糸をかけ、一度右に糸を引く

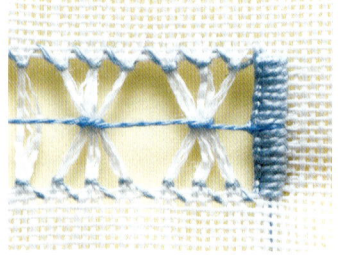

8 左に糸を引いて引きしめる。7、8を繰り返すことで結び目が束の中央にきれいに整う。同様にして続けてかがる

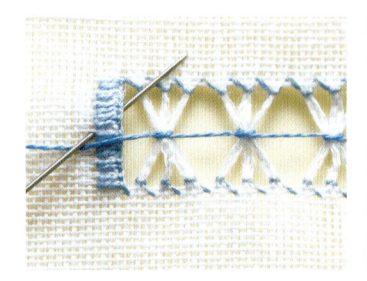

9 最後はボタンホール・ステッチをすくう

10 渡した糸の上から裏側に針を出す

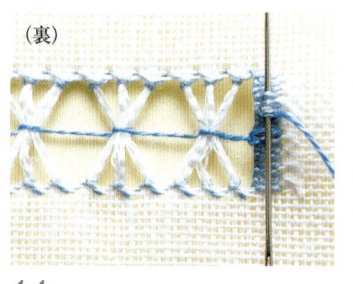

11 布を裏返し、ボタンホール・ステッチの裏側で2〜3回返し針の要領で糸をすくって始末する

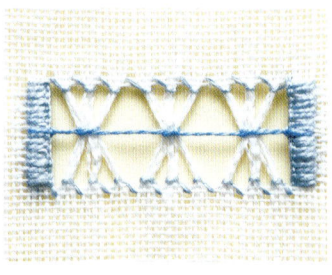

12 でき上がり

*〔 Dの糸の流れ 〕はP.37参照

E

BASIC EMBROIDERY TECHNIQUE

【 3段の結びかがり 】

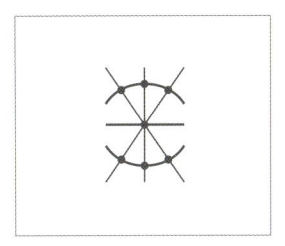

P.38 D の結びかがりの応用です。中央に渡した結びかがりに更に結びかがりを2本プラスして流れるようなラインを作ります。
織り糸の抜く本数を変えることで5段、7段、9段と更に応用ができます。

÷ P.36 を参照し、両ヘムかがりをする。
÷ P.38 D 結びかがり 2〜11 を参照してかがる。
÷ 刺し終わりは P.36 B 8〜11 を参照し、ボタンホール・ステッチの裏側で糸始末をする。

★=布の上側

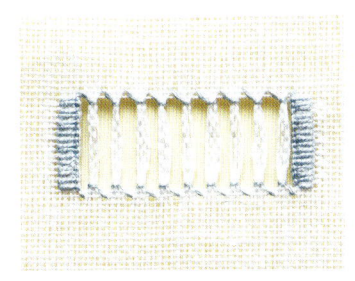

1 両ヘムかがりができたところ

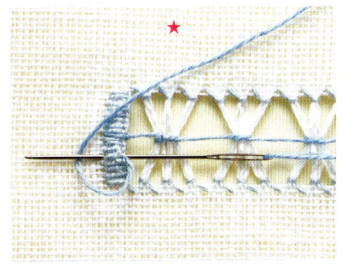

2 結びかがりをし、ボタンホール・ステッチの裏側を通して左下側の位置に針を出し、P.38 D 4と同じ要領で糸をつける

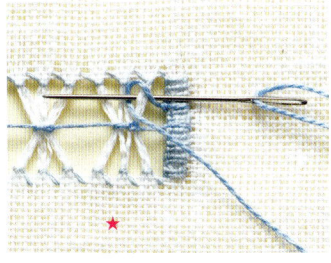

3 布の上下を持ちかえて1束めをすくい、結びかがりをする

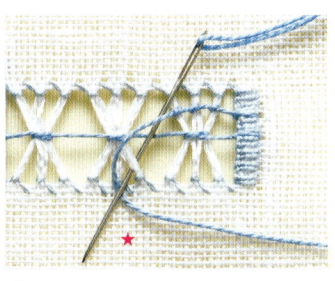

4 3束めまで同じ要領で結び、4束めの下側をすくって結びかがりをする

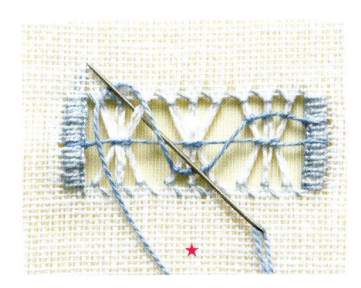

5 同じ要領で5、6束めまで結び、7束めの上側をすくって結びかがりで続けて端までかがる

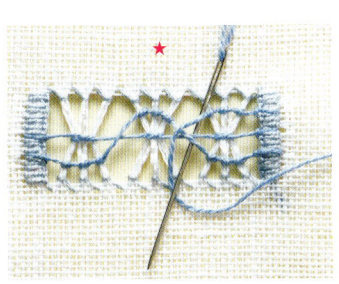

6 2と同じ要領で糸をつけ、布の上下を持ちかえて3段めをかがるが、交点はすべての糸をすくって結びかがりをする

7 続けてかがり、交点はすべての糸をすくって結びかがりをする

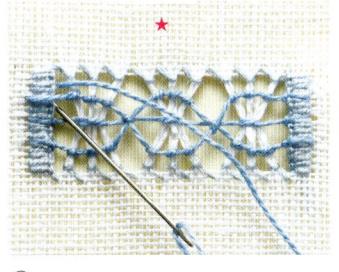

8 左端まできたら、P.38 D 9〜11の要領で針を裏側に出し、ボタンホール・ステッチの裏側で糸始末

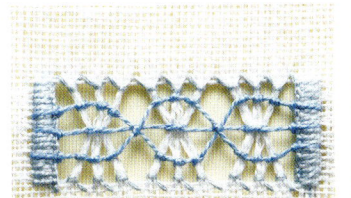

【 応用 】

9 でき上がり

5段の結びかがり

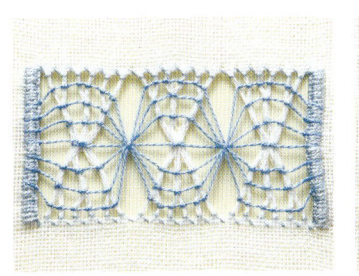

7段の結びかがり

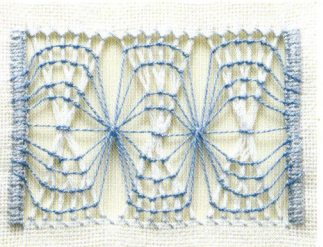

9段の結びかがり

＊〔 Eの糸の流れ 〕は P.41参照

F

BASIC EMBROIDERY TECHNIQUE

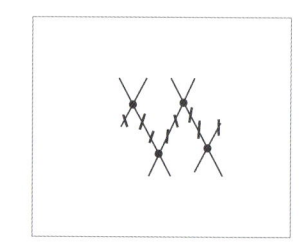

【 ジグザグかがり 】

糸を巻きつけながら、結びかがりをし、ジグザグ模様を描きます。織り糸に糸を巻きつけることで、シャープなラインが作れます。

✢ P.36 を参照し、両ヘムかがりをする。
✢ 糸のつけ方は P.38 D 結びかがり 2～3 を参照し、ボタンホール・ステッチの裏側につける。
✢ 結びかがりは P.38 D 結びかがり 5～8 を参照してかがる。
✢ 刺し終わりは P.36 B 8～11 を参照し、ボタンホール・ステッチの裏側で糸始末をする。

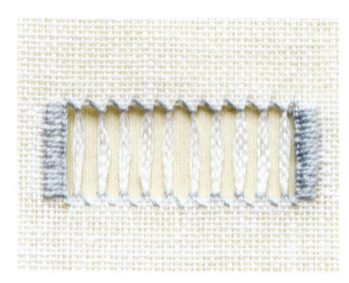

1 両ヘムかがりができたところ

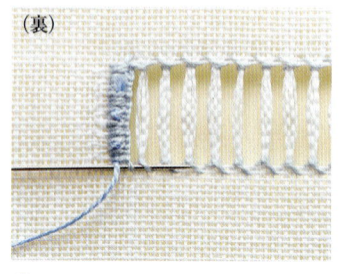

2 布を裏返し、ボタンホール・ステッチの裏側に糸をつけて、片ヘムかがりの目をすくう

3 布を表に返し、1、2束めの間から針を出し、1束めをすくう

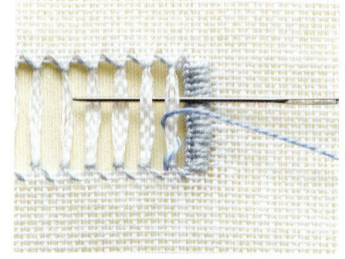

4 糸を引き、1、2束めをすくう

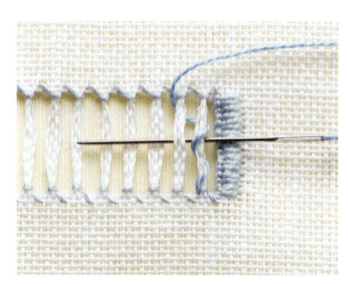

5 もう一度1、2束めをすくう

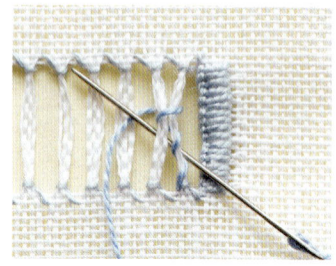

6 糸をかけて結びかがり

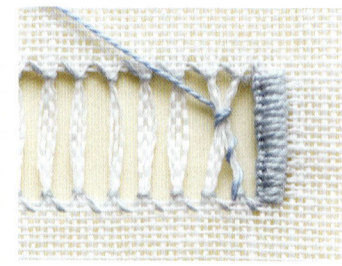

7 糸を引いて引きしめる

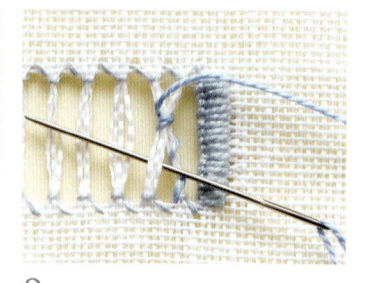

8 1と2束めの間に針を入れ、2束めをすくう

9 2、3束めをすくう

10 もう一度2、3束めをすくって糸をかけ、結びかがり。3束めをすくって3～10を繰り返す

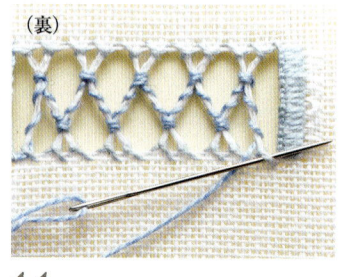

11 最後は裏側で片ヘムの糸をすくってボタンホール・ステッチの裏側で糸始末

12 でき上がり

40　＊〔 Fの糸の流れ 〕はP.41参照

G

BASIC EMBROIDERY TECHNIQUE

【 すくいかがり 1 】

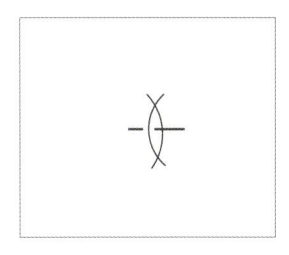

織り糸を交差させてツイスト模様を描きます。結びかがりと同様にドロンワークの基本的なテクニックのひとつです。

+ P.36を参照し、両ヘムかがりをする。

1 両ヘムかがりができたところ

2 中央に糸をつけ（P.38 D 2〜4参照）、2束めを左側からすくう

3 1束めをすくうようにして針先を左側に向け、糸を引く

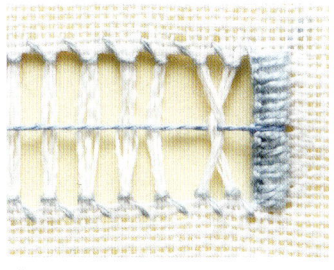

4 1つめの模様ができたところ

5 引いた糸は左手でしっかり固定し、4束めを左側からすくう。2〜4を繰り返す

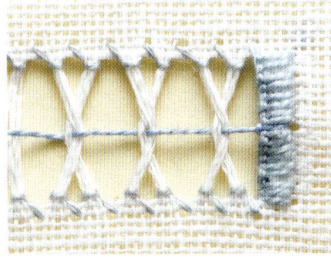

6 左端まできたら、P.38 D 9〜11の要領で針を裏側に出し、ボタンホール・ステッチの裏側で糸始末

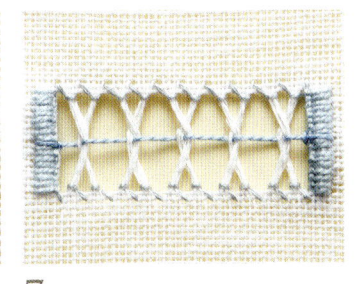

7 でき上がり

〔 E, F, G の糸の流れ 〕

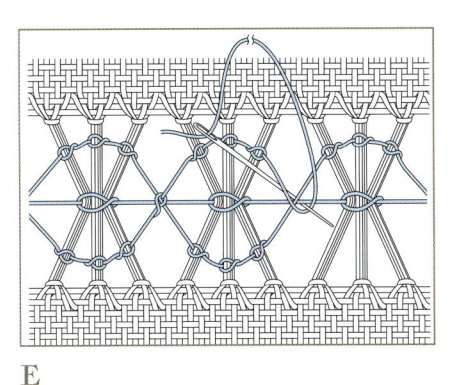

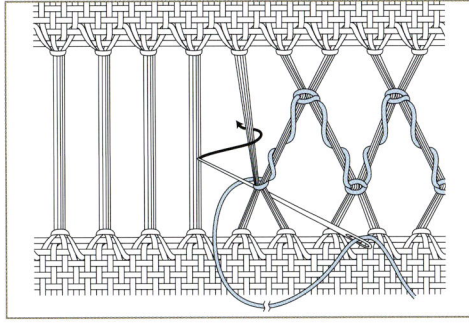

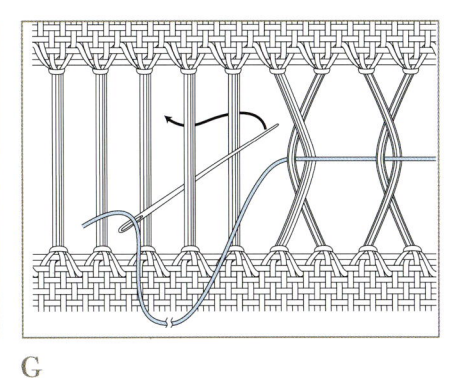

E

F

G

41

H

BASIC EMBROIDERY TECHNIQUE

【 くもの巣かがり 】

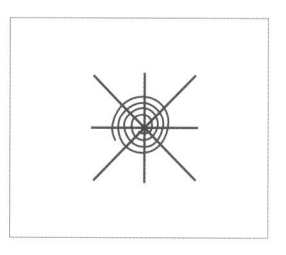

放射状に渡した糸を上下交互にすくいながらくるくるとかがります。角の模様によく使われます。

+ P.34 A 片ヘムかがり2〜8を参照し、織り糸を抜き、糸始末をする。
+ 結びかがりは P.38 D 結びかがり5〜11を参照してかがる。
+ 刺し終わりは P.36 B 8〜11を参照し、ボタンホール・ステッチの裏側で糸始末をする。

【 角に糸を渡す場合のボタンホール・ステッチ 】

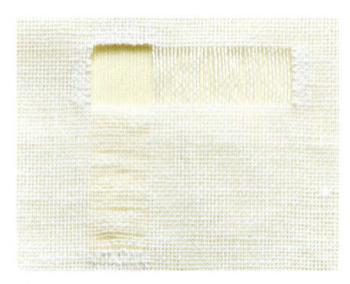

1 織り糸を抜き、糸始末をしたところ

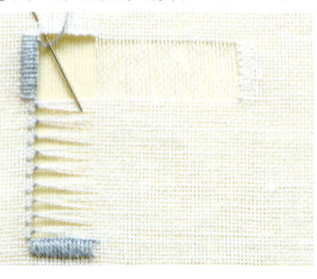

2 P.36 B 両ヘムかがりの要領で布の向きを変えながらボタンホール・ステッチと片ヘムかがりをし、角は飛ばして垂直に針を入れる

拡大したところ

3 続けて刺し進み、片ヘムかがりの角は斜めにすくう

4 角に針を出し、続けてかがる

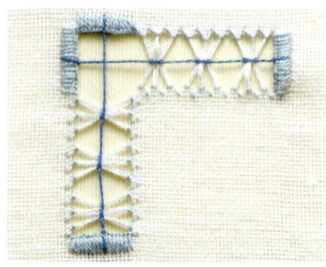

5 布の向きを変えながら結びかがりをする（P.44 I 2〜5参照）

【 対角線に糸を渡す 】

6 糸をつけ（P.38 D 2〜3参照）、角から糸を出し、織り糸をすくって糸をかけて引きしめる

7 対角線に糸を渡し、織り糸をすくう

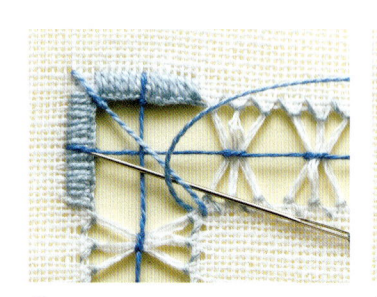

8 渡した糸にからげる

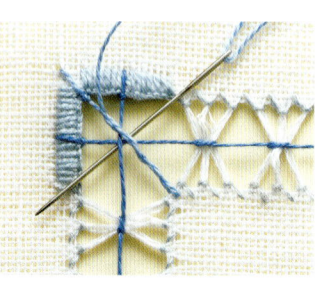

9 もう一度からげて中央の交点をすくう

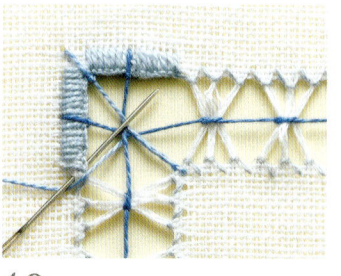

10 左下をすくって糸を渡す

11 中央に向かって2回からげ対角線に糸を渡す

42

12 中央に向かって2回からげ、対角線の左下に針を出す

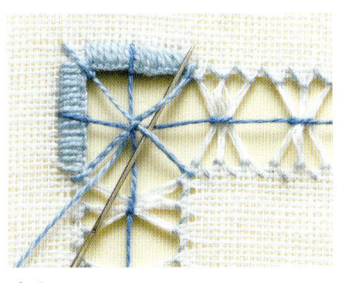

13 渡り糸を上下交互にすくい、1周する

14 渡り糸が偶数の場合、最後は2本すくって上下の向きを変える

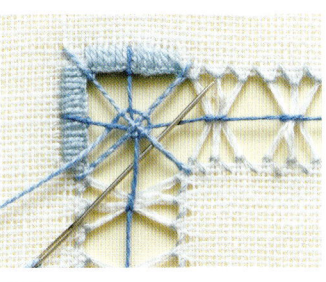

15 もう1周したら最後は1本先で2本すくい、上下の向きを変える

16 同様にして適宜かがり、最後は裏側でかがった糸をすくい、矢印の位置から表に針を出す

17 表に返し、1本めの渡り糸に2回からげ、角から針を裏に出し、ボタンホール・ステッチの裏側で糸始末をする

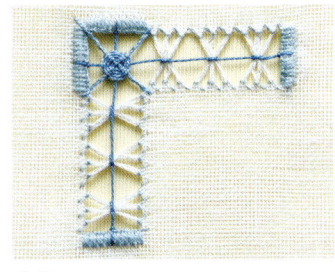

18 でき上がり

〔 H の糸の流れ 〕

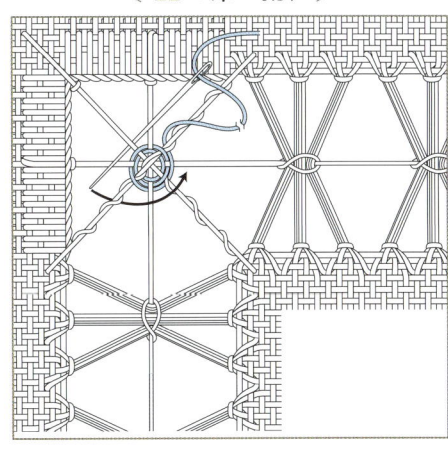

I
BASIC EMBROIDERY TECHNIQUE
【 花かがり 1 】

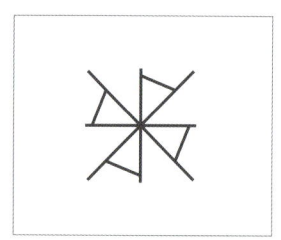

くもの巣かがりと同様に角に糸を渡し、ダーニング・ステッチでかがりながら花弁を作ります。
渡す糸の本数で花弁の数や形を変えることができます。

✣ P.34 A 片ヘムかがり 2 ～ 8 を参照し、織り糸を抜き、糸始末をする。
✣ P.42 H くもの巣かがり 2 ～ 4 を参照し、両ヘムかがりでまわりをかがる。
✣ 結びかがりは P.38 D 結びかがり 2 ～ 11 を参照してかがる。

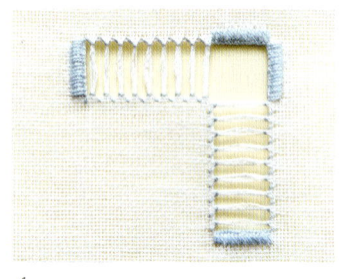

1 織り糸を抜き、両ヘムかがりをしたところ

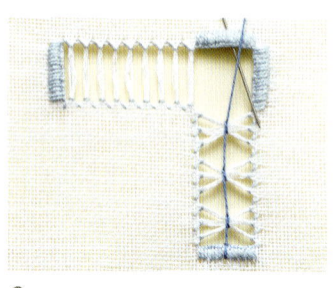

2 下から結びかがりをし、ボタンホール・ステッチに糸を渡し、裏に針を出す (P.38 D 10参照)

【 ダーニング・ステッチをする 】

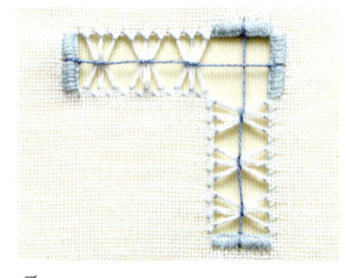

3 布を裏返し、ボタンホール・ステッチの裏側をすくって角に進む

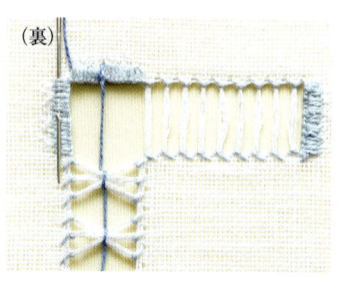

4 角を曲がってボタンホール・ステッチの中央に針を出し、表に返す

5 同様にしてよこ方向も結びかがりをして糸始末をする

6 対角線に糸を渡し (P.42 H 6 ～ 12参照)、中央に針を出して左斜めの渡り糸の上からよこの渡り糸をすくう

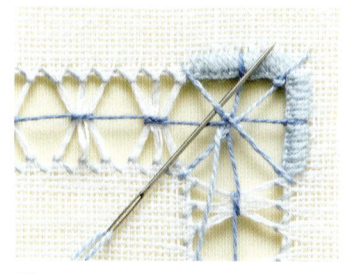

7 よこの渡り糸の上から斜めの渡り糸をすくう

8 斜めの渡り糸の上からよこの渡り糸をすくう

9 7、8 を繰り返して 8 の字を描くように交互にすくい、ダーニング・ステッチでかがる。最後は裏に針を出す

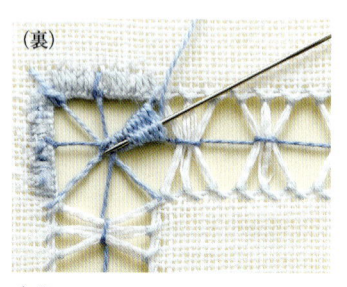

10 ダーニング・ステッチの裏側を中心に向かってすくい、糸を引く。1枚めの花弁のでき上がり

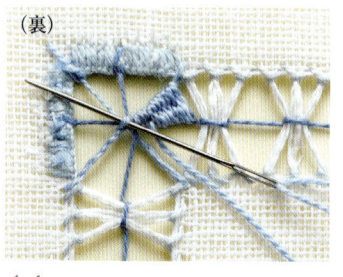

11 中心の糸をすくう

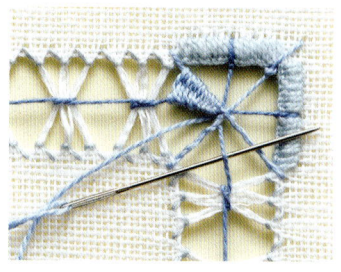

12 斜めの渡り糸のわきから表に針を出し、同じ要領で反時計まわりにダーニング・ステッチで花弁を作る

13 2枚めの花弁ができたところ。3枚めに進む

14 4枚めも同じ要領で刺し、最後は裏に針を出す

15 ダーニング・ステッチの裏側を中心に向かってすくう

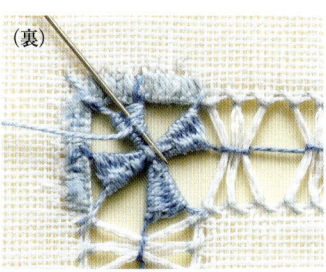

16 一針戻してもう一度すくう

17 でき上がり

〔Ⅰの糸の流れ〕

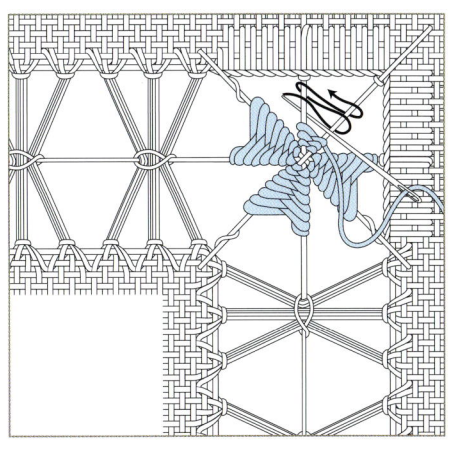

45

J

Basic embroidery technique

【 花かがり 2 】

P.44 **I** 花かがり 1 の応用です。結びかがりをしながら糸を渡し、中央にくもの巣かがりをしてダーニング・ステッチで花弁を作ります。

✢ P.34 **A** 片ヘムかがり 2～7 を参照し、織り糸を抜き、糸始末をする。
✢ P.42 **H** くもの巣かがり 2～4 を参照し、両ヘムかがりでまわりをかがる。
✢ 結びかがりは P.38 **D** 結びかがり 2～11 を参照してかがる。
✢ 刺し終わりは P.45 **I** 15～16 を参照してダーニング・ステッチの裏側で糸始末をする。

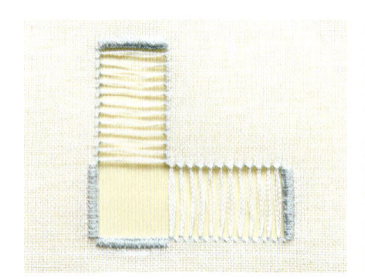

1 織り糸を抜き、両ヘムかがりをしたところ

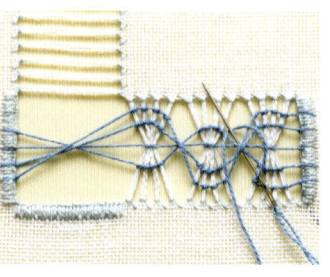

2 P.39 **E** 3段の結びかがりを参照して糸を5段渡すが、5段めは交点の渡り糸をすべてすくって結びかがりをする

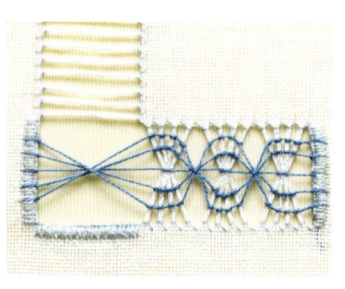

3 よこ方向の糸を渡したところ

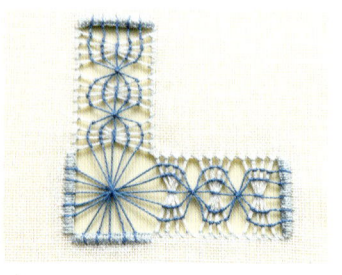

4 たて方向も同じ要領でかがるが、この時、角の中心は結ばない

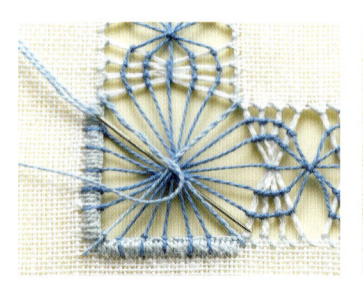

5 対角線に糸を渡し、中央に針を出す（P.42 **H** 6～12参照）

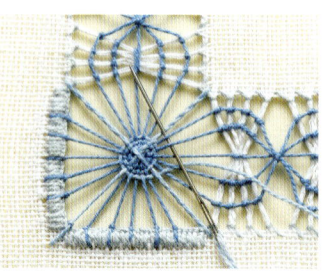

6 交互にすくってくもの巣かがりを約3周し（P.43 **H** 13～15参照）、2本すくった位置を避けて表側に針を出す

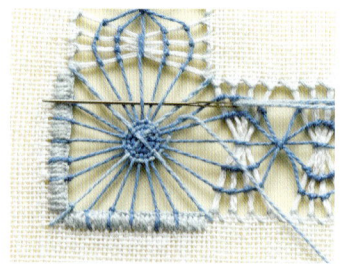

7 渡り糸を1本おきに2本すくう

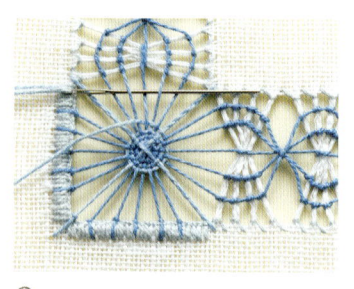

8 左隣りの糸から1本おきに、2本すくって戻る。7、8を繰り返して交互にすくい、芯糸4本のダーニング・ステッチでかがる

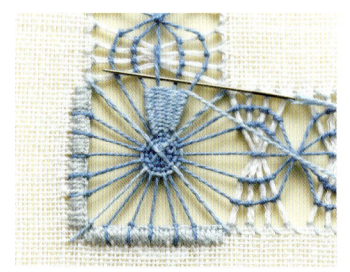

9 花弁の先は芯糸4本から2本に減らし、1本飛ばしてすくう

10 飛ばした1本をすくって戻り、8の字を描くように芯糸2本のダーニング・ステッチでかがる

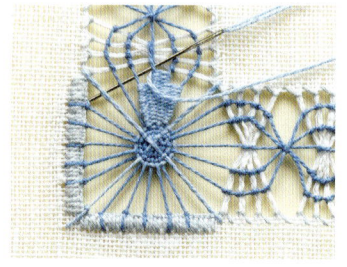

11 9、10を繰り返して3往復し、針を裏側に出す

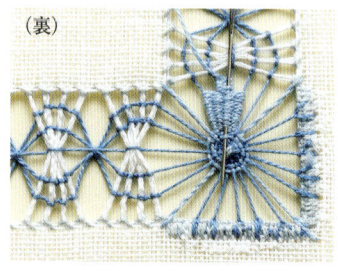

12 布を裏返し、ダーニング・ステッチの裏側を中心に向かってすくって戻り、糸を引く。くもの巣かがりの中心の糸をすくい、1枚めの花弁のでき上がり

【 糸のつなぎ方 】 ※わかりやすいように糸の色を替えてあります。

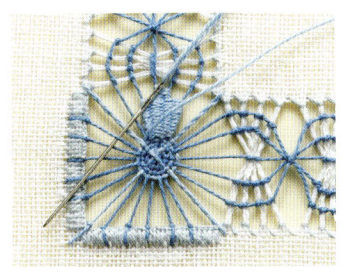

13 表に返し、同じ要領で反時計まわりに2枚めの花弁を作る

14 途中で糸が足りなくなったら、裏側で糸始末をする。新しい糸の糸端を1〜2cm残し、くもの巣かがりの中心をすくう

15 もう一度中心をすくい、結びかがりをする

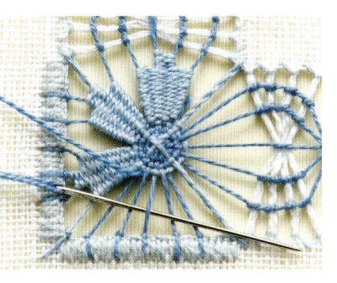

16 次の花弁の根元から表に針を出し、続けてかがる

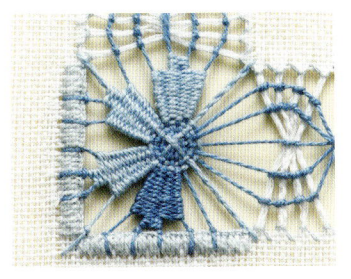

17 新しい糸で続けてかがったところ。同じ要領で繰り返して6枚の花弁を作る

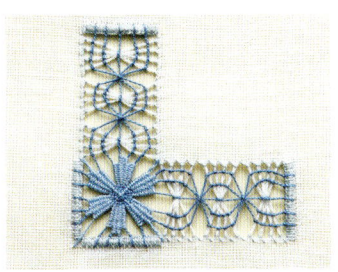

18 でき上がり

K

BASIC EMBROIDERY TECHNIQUE

【 さぎ草かがり 】

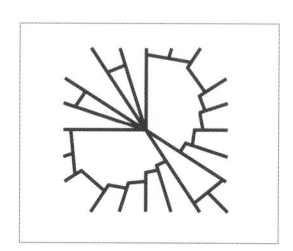

さぎ草のような愛らしい模様です。5段の結びかがりの交点にはくもの巣かがりをし、ダーニング・ステッチで花弁を作ります。

✢ P.34 A 片ヘムかがり 2〜7 を参照し、織り糸を抜き、糸始末をする。
✢ P.42 H くもの巣かがり 2〜4 を参照し、両ヘムかがりでまわりをかがる。
✢ 結びかがりは P.38 D 結びかがり 2〜11 を参照してかがる。
✢ ダーニング・ステッチの途中で糸が足りなくなったら、P.47 J 花かがり 2 14〜16 を参照して糸始末をし、新しい糸をつけて続けてかがる。
✢ 刺し終わりは P.45 I 15〜16 を参照し、ダーニング・ステッチの裏側で糸始末をする。

※このページでは、わかりやすいようにさぎ草かがりの糸の色をかがる部分で替えてあります。

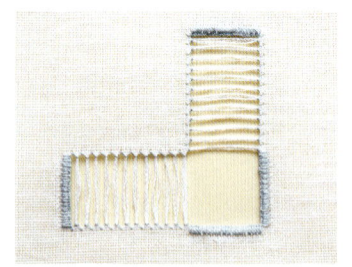

1 織り糸を抜き、両ヘムかがりをしたところ

2 P.39 E 3段の結びかがりを参照して糸を5段渡すが、5段めは交点の渡り糸をすべてすくって結びかがりをする

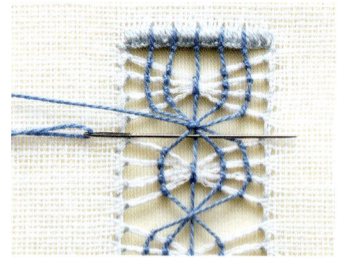

3 結び目にくもの巣かがりをする。渡り糸を交互にすくい1周する

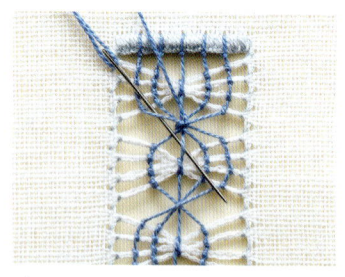

4 渡り糸が奇数の場合は最後は2本すくわず、交互に続けてすくう

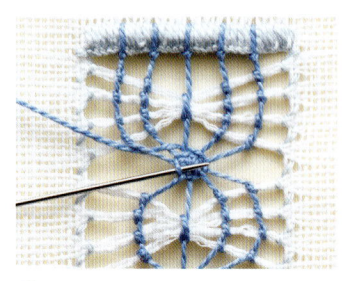

5 3周したら2周めから3周めに移る渡り糸をすくう

6 糸を引き、続けて結びかがりをする

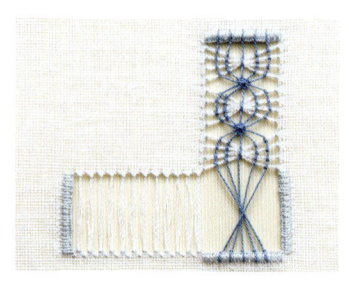

7 たて方向の結びかがりのでき上がり

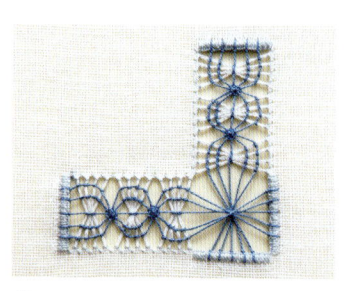

8 同じ要領でよこ方向をかがる。この時角の中心は結ばない

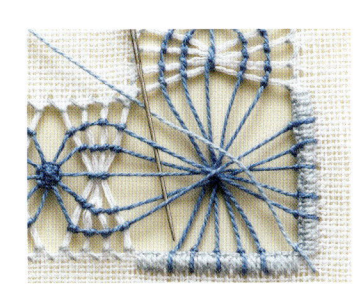

9 角に糸をつけ、交互にすくってくもの巣かがりをする（P.42 H 6〜15参照）

10 約3周したら内側の角の2本手前で折り返し、交互にすくってダーニング・ステッチでかがる

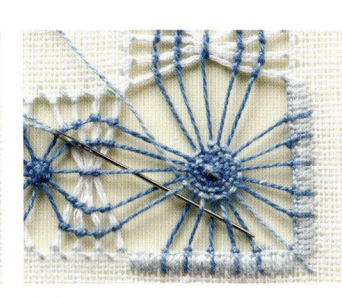

11 反対側も内側の角から2本手前（合計4本残す）で折り返し、ダーニング・ステッチでかがる

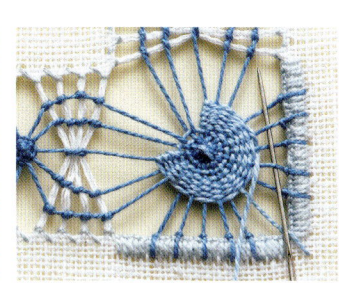

12 約4往復したら外側の角の3本を残してダーニング・ステッチを2往復する。外側の角を1本ずつ残しながらダーニング・ステッチを2往復ずつし、最後の3本は3往復かがり、裏側をすくって中心に戻る

13 写真の位置から針を出し、前にかがった部分と糸の上下が交互になるように3本でダーニング・ステッチを10往復し、裏側をすくって中央に戻る

14 残りの7本を反対側と対称になるように1本ずつ残しながら2往復ずつし、最後の3本は3往復かがって中心に戻る

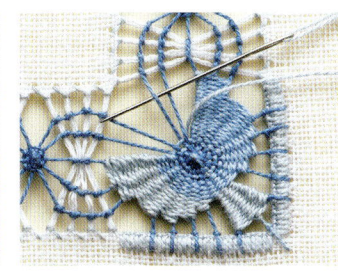

15 内側の角の右側2本をダーニング・ステッチでかがり、裏側をすくって中心に戻る

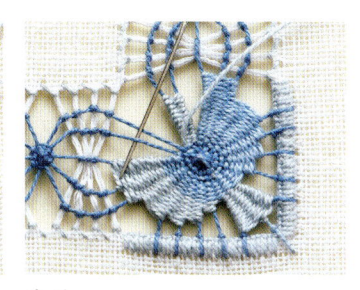

16 左側の2本をダーニング・ステッチでかがり、裏側で糸始末をする

17 でき上がり

＊〔ボタンホール・ステッチに糸をつけることができない場合の糸のつけ方〕はP.63参照

L

BASIC EMBROIDERY TECHNIQUE

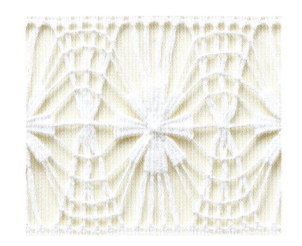

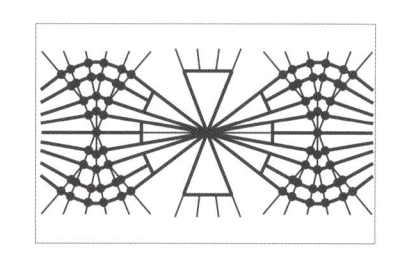

【 花かがり 3 】

9段の結びかがりの中央に8弁の花を作ります。
花の中央はくもの巣かがりをし、渡り糸は3本、織り糸は4束をダーニング・ステッチでかがります。

✣ P.36を参照し、両ヘムかがりをする。
✣ 結びかがりは P.38 D 結びかがり2～11を参照してかがる。
✣ ダーニング・ステッチの途中で糸が足りなくなったら、P.47 J 花かがり2 14～16を参照して糸始末をし、新しい糸をつけて続けてかがる。
✣ 刺し終わりは P.36 B 8～11を参照し、ボタンホール・ステッチの裏側で糸始末をする。

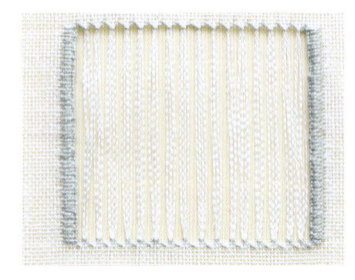

1 織り糸を抜き、両ヘムかがりをしたところ

2 P.39 E 3段の結びかがりを参照して糸を9段渡すが、1段めは6束と4束を交互に、2段めは2束ずつすくって結びかがりをする

3 1段めとの交点にきたら結び目をすくって通す。続けてかがる

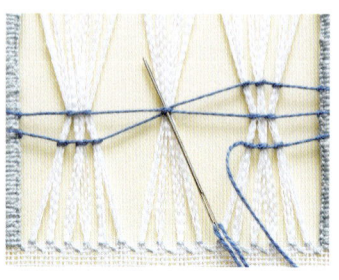

4 3段めも2束ずつすくい、交点は結び目をすくって通す

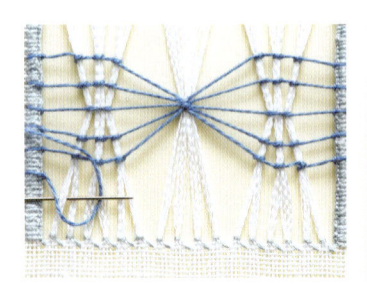

5 同じ要領で4、5段めも2束ずつ交点に通しながらかがり、6段めは1束ずつかがる

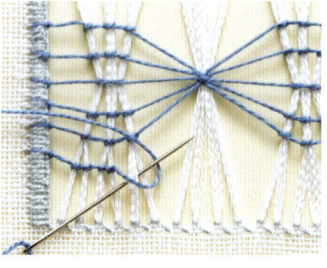

6 続けてかがったところ。同じ要領で交点に通しながら、9段めまで1束ずつすくってかがる

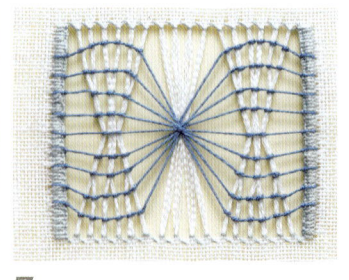

7 結びかがりのでき上がり

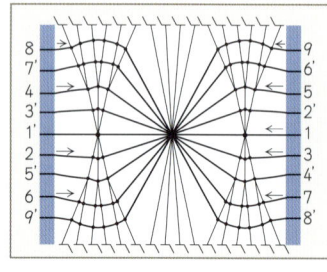

糸を渡す順番

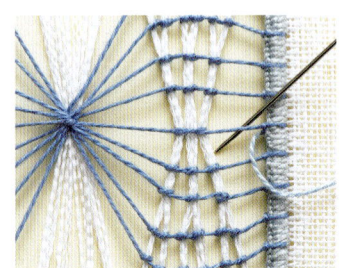

8 花かがりをする。ボタンホール・ステッチの裏側を通して中央に糸を出し、中央の結びかがりの糸をすくう

9 3回からげて結び目の下側を通し、針を引く

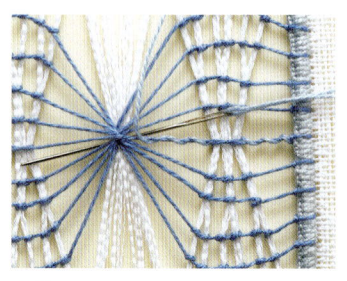

10 更に3回からげて中央の結び目の下側を通して針を出す

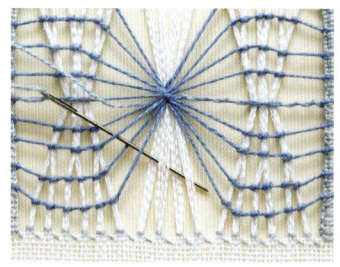

11 織り糸を交互にすくい、くもの巣かがりをする

50

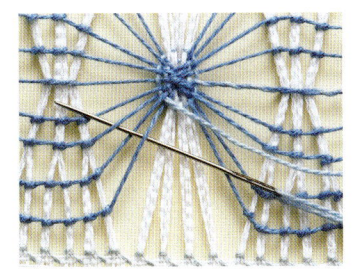

12 約2周したら左下の渡り糸を交互にすくい、3本でダーニング・ステッチを10往復して花びらを作る

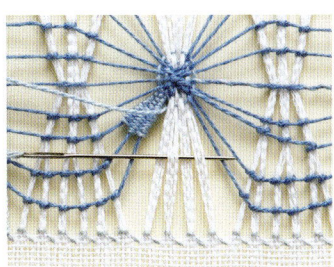

13 ダーニング・ステッチの裏側を中心に向かってすくい、中央の糸をすくって（P.44 I 11参照）織り糸の左側から表に針を出し、織り糸4束をダーニング・ステッチでかがる

14 12、13の要領で、渡り糸は3本、織り糸は4束ずつを反時計回りにかがり、裏に糸を通して再度花弁の先に向かって糸をすくう

15 表に針を出し、中央の渡り糸を2回すくって織り糸の下側を通して針を引く

16 更に3回巻きつけて、ボタンホール・ステッチの裏側で糸始末をする

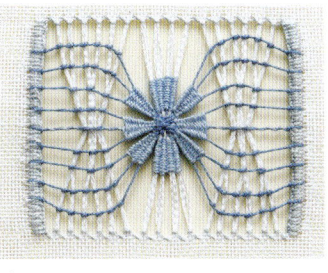

17 でき上がり

【応用】
7段の結びかがりに8弁の花かがり

結びかがりを7段にすると、ダーニング・ステッチのすくう数も変わって、花の形が変わる（P.16ソーイングケースに使用）

【応用】
5段の結びかがりに6弁の花かがり

結びかがりを5段にすると、花弁の数も6弁になる（P.26テーブルセンターに使用）

M

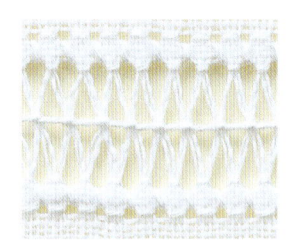

BASIC EMBROIDERY TECHNIQUE

【 ダイヤモンドかがり 】

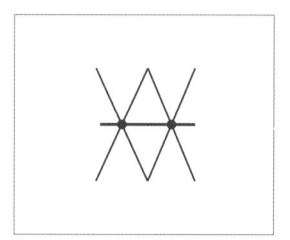

まわりはボタンホール・ステッチとフォーサイド・ステッチでかがり、織り糸の束を2つに分けて隣りどうしをすくって結びかがりをします。ダイヤ柄の美しい透かし模様を描きます。

+ P.36 B 両ヘムかがり 1〜4 を参照し、ボタンホール・ステッチをする。
+ フォーサイド・ステッチは P.37 C を参照して刺す。
+ 結びかがりは P.38 D 結びかがり 5〜8 を参照してかがる。
+ 刺し終わりは P.36 B 8〜11 を参照し、ボタンホール・ステッチの裏側で糸始末をする。

1 糸を抜き、右側のボタンホール・ステッチができたところ。最後は針を裏に出す

2 フォーサイド・ステッチを刺す。1目めに針を出し、織り糸をすくって4目めに針を出す

3 P.37を参照してフォーサイド・ステッチを端まで刺す

4 端まで刺したら、ボタンホール・ステッチ、フォーサイド・ステッチで1周する

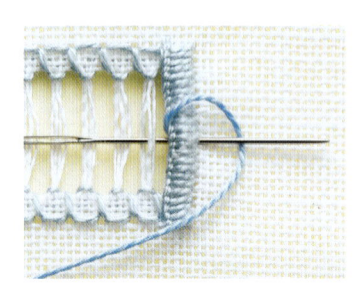

5 結びかがりをする。ボタンホール・ステッチの中央に針を出し、織り糸の2本を一緒にすくって糸をかけてつける

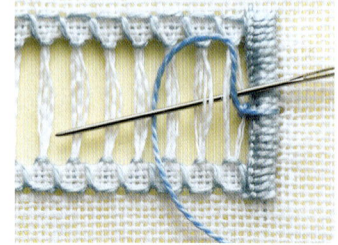

6 1束めの残りの織り糸2本と隣りの束の2本をすくって結びかがり

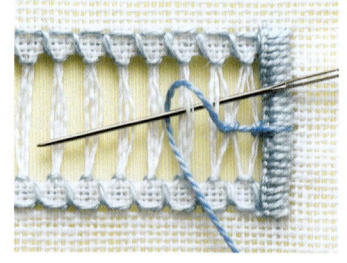

7 糸を引きしめ、同じ要領で残りの2本と隣りの2本をすくって結びかがりをする

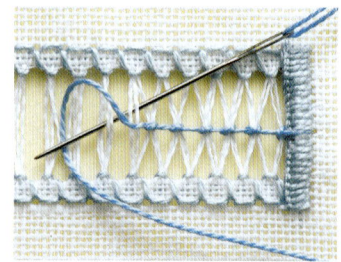

8 続けてかがる。隣りどうしの2本ずつが結ばれる

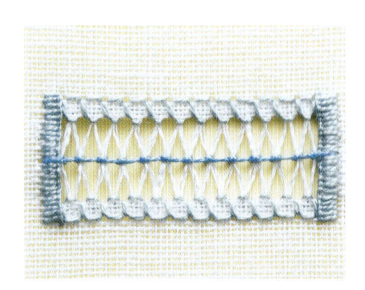

9 でき上がり

N

BASIC EMBROIDERY TECHNIQUE

【 波かがり 】

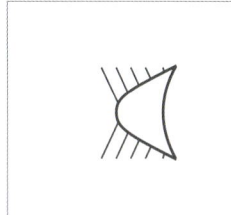

さざ波のような模様が美しいテクニックです。上段と下段はボタンホール・ステッチのすくう向きを変えながらかがり進みます。

✛ P.36 B 両ヘムかがり 1〜4 を参照し、ボタンホール・ステッチをする。
✛ フォーサイド・ステッチは P.37 C を参照し、よこ糸4本、たて糸2本すくってかがる。
✛ 刺し終わりは P.36 B 8〜11 を参照し、ボタンホール・ステッチの裏側で糸始末をする。

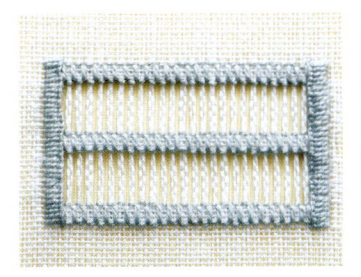

1 糸を抜き、ボタンホール・ステッチとフォーサイド・ステッチでかがったところ

2 糸をつけ (P.40 F 2参照)、1束めと2束めの織り糸の間から針を出し、1束めをすくって糸をかけ、ボタンホール・ステッチをする

3 糸を引き、2束をすくってボタンホール・ステッチをする

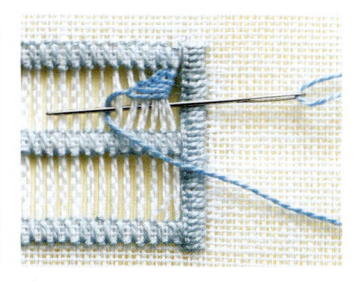

4 同じ要領で1束ずつ増しながら、6束めまですくう

5 次は5束すくってボタンホール・ステッチをし、4、3、2、1と束数を減らしながらかがって戻る

6 1つめの模様のでき上がり。フォーサイド・ステッチの裏側の糸に通し、7束めと8束めの間から針を出し、7束めをかがる

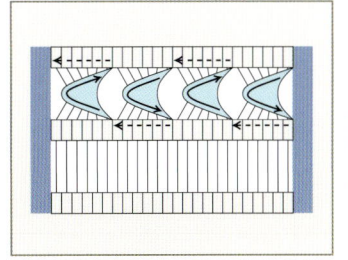

7 端までかがったら裏側で糸始末をし、布の向きを変え、新しい糸をつけてかがる

2〜6を繰り返すが、この時1つおきにかがる向きは逆になる

8 2段めの1つめの模様ができたところ

9 でき上がり

O
BASIC EMBROIDERY TECHNIQUE
【 すくいかがり 2 】

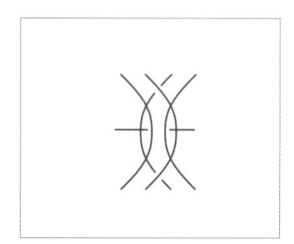

G すくいかがり1の応用で2つのツイスト模様を作ります。
はじめにヘリングボーン・ステッチをすることで陰影のあるレースのような流れる模様が作れます。

✣ P.34～36を参照し、片ヘムかがりとボタンホール・ステッチでまわりをかがる。
✣ 結びかがりはP.38 D 結びかがり5～8を参照してかがる。
✣ 刺し終わりはP.36 B 8～11を参照し、ボタンホール・ステッチの裏側で糸始末をする。

1 ボタンホール・ステッチと片ヘムかがりができたところ

2 ヘリングボーン・ステッチをする。よこの織り糸を1本残して針を出し、上側の1束めをすくう

3 糸を引き、織り糸4本をすくう

4 糸を引き、上側の3束めをすくう

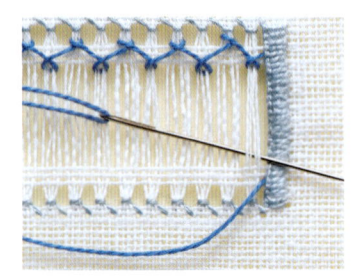

5 3～4を繰り返し、端までかがって裏側で糸始末をする。下側に糸をつけて織り糸1本残して針を出し、上側と対称になるようにかがる

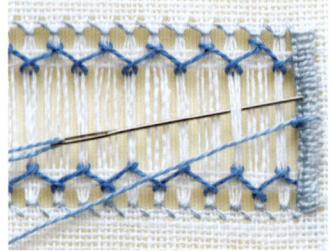

6 中央に糸をつけ (P.38 D 2～4参照)、3束めを左からすくう

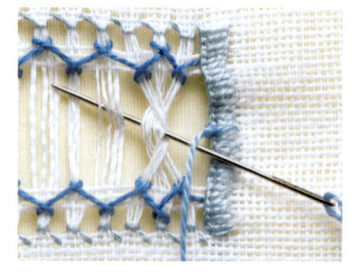

7 右の2束をすくうように4束めの下から針を出す

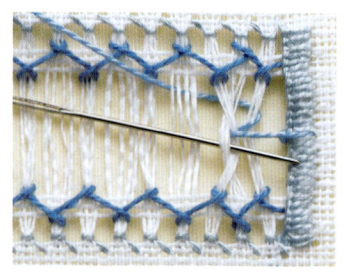

8 糸を引き、左から輪をすくう

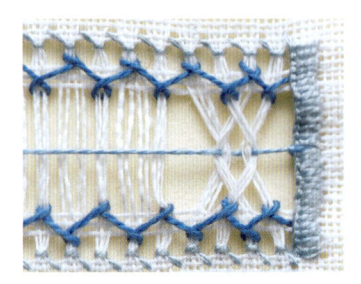

9 左に糸を引き、形を整える。1つめの模様ができたところ

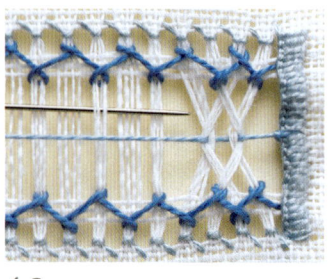

10 引いた糸は左手でしっかり固定し、次の3束めを左からすくう。6～9を繰り返し、最後はボタンホール・ステッチの裏側で糸始末をする

11 でき上がり

【 ヘリングボーン・ステッチ 】

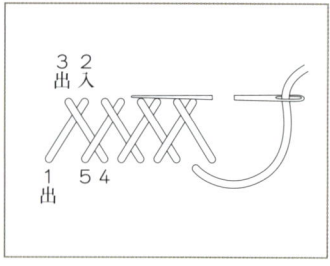

P

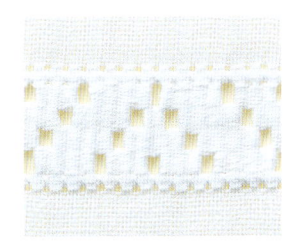

BASIC EMBROIDERY TECHNIQUE

【 ダーニングかがり 】

織り糸を交互にすくうダーニングかがりは、すくう織り糸の束数で様々な模様を描くことができます。
かがる時は、模様が歪まないように中央のブロックから左右交互にかがります。

✧ P.52 M ダイヤモンドかがり 1～4 を参照し、ボタンホール・ステッチとフォーサイド・ステッチでまわりをかがる。
✧ 刺し終わりは P.36 B 8～11 を参照し、ボタンホール・ステッチの裏側で糸始末をする。

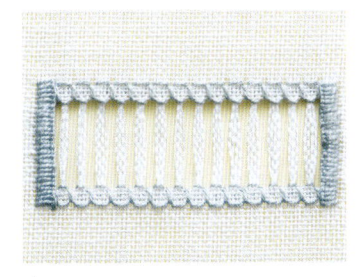

1　糸を抜き、ボタンホール・ステッチとフォーサイド・ステッチでかがったところ

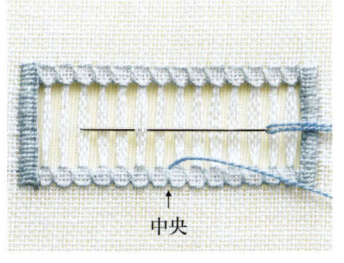

2　模様中央のフォーサイド・ステッチの裏側に糸をつけ、2束めをすくって3束のダーニング・ステッチでかがる

3　約6往復したところ。続けて4束のダーニング・ステッチで6往復かがる

4　続けて2束で6往復かがる

5　頂点までかがったら、ダーニング・ステッチの裏側をすくって戻り、下に向かって3束でかがる

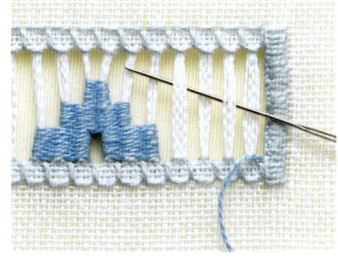

6　1個めのブロックができたら、フォーサイド・ステッチの裏側をすくって右角に針を出し、左上に向かってダーニング・ステッチでかがる

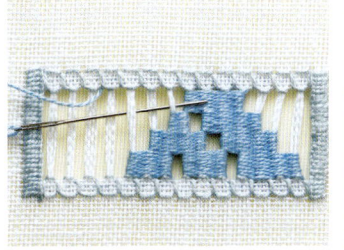

7　2個めのブロックができたら、裏側をすくって左のブロックに針を出し、左下に向かってかがる

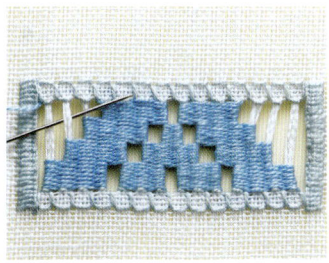

8　3個めのブロックができたら、糸始末をし、左角に糸をつけ、下に向かってかがる

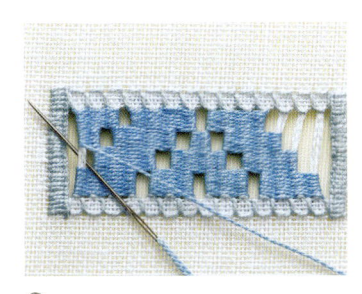

9　4個めのブロックができたら、残りの織り糸を巻きかがる

10　裏側に針を出し、ダーニング・ステッチの1目とばしてすくい、フォーサイド・ステッチをすくって糸始末をする。

11　右角の5個めのブロックも同じ要領でかがる

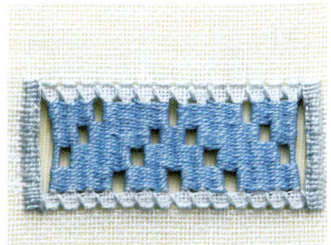

12　でき上がり

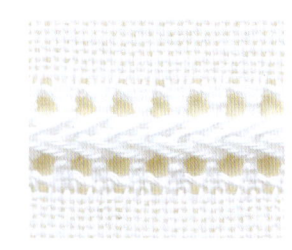

Q Basic Embroidery Technique

【 ケーブルかがり 】

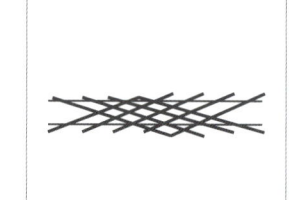

綾織りのような立体的な模様です。透かし模様と組み合わせて、輪郭を強調したい時に使うと効果的です。

+ P.34〜36を参照し、織り糸4本を残して上下を2本ずつ抜き、片ヘムかがりとボタンホール・ステッチでまわりをかがる。
+ 刺し終わりはP.36 B 8〜11を参照し、ボタンホール・ステッチの裏側で糸始末をする。

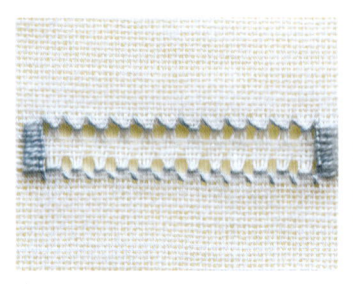

1 片ヘムかがりとボタンホール・ステッチができたところ

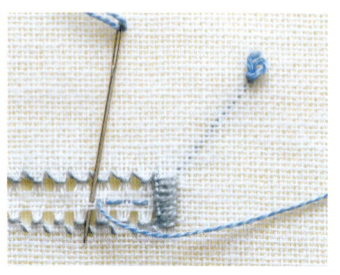

2 捨て糸をして（P.34 A 9参照）糸をつけ、残した織り糸に2〜3針ランニング・ステッチをし、3束めの織り糸の中央からすくって織り糸の下から針を出す

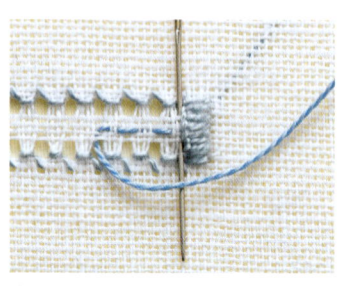

3 1束めの織り糸の右側で織り糸を上から下にすくう

4 糸を引き、4束めと5束めの間を上から下にすくう

5 糸を引き、1束めと2束めの間を上から下にすくう

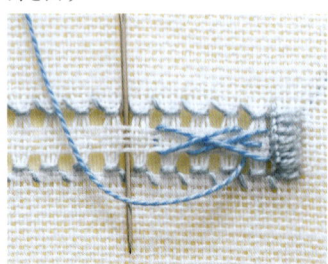

6 糸を引き、5束めと6束めの間を上から下にすくう

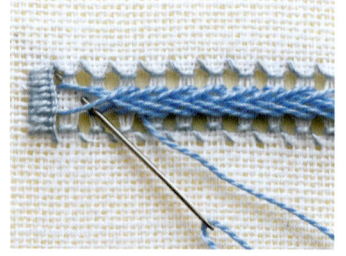

7 同じ要領で1束ずつずらしながら5〜6を繰り返し、最後は渡り糸の下を通して織り糸の中央に針を入れ、裏側に出す

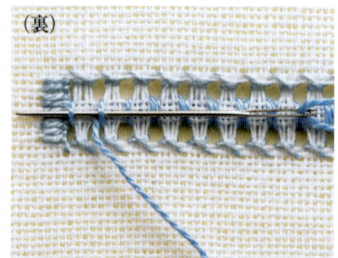

8 （裏）裏側でたてに渡った糸をすくい、ボタンホール・ステッチの裏側で糸始末をする

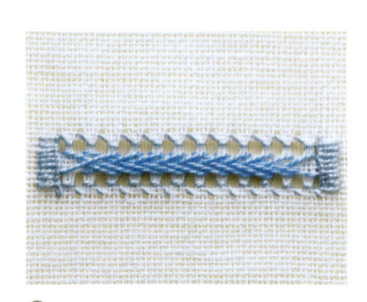

9 でき上がり

R

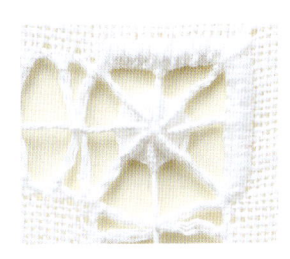

BASIC EMBROIDERY TECHNIQUE

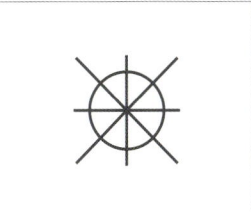

【 フィールかがり 】

渡り糸に巻きつけるように糸をかけていきます。くもの巣かがりに比べて放射状のラインがくっきりと浮かび上がります。

- P.34 A 片ヘムかがり 2〜8 を参照し、織り糸を抜き、糸始末をする。
- P.42 H くもの巣かがり 2〜12 を参照し、両ヘムかがりでまわりをかがり、対角線に糸を渡す。
- 結びかがりは P.38 D 結びかがり 5〜11 を参照してかがる。
- 刺し終わりは P.36 B 8〜11 を参照し、ボタンホール・ステッチの裏側で糸始末をする。

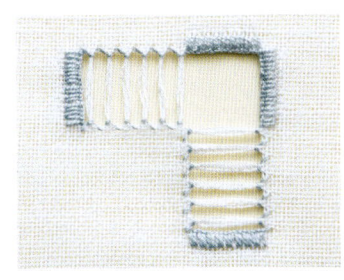

1 織り糸を抜き両ヘムかがりをしたところ

2 P.42 H くもの巣かがりと同じ要領で結びかがりをするが、3束を2束にかえてかがる

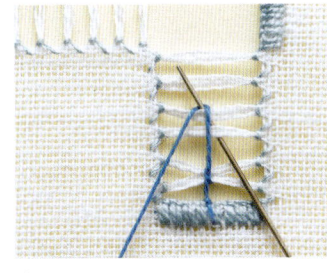

3 1個めができたところ。続けて2束ずつたて方向、よこ方向をかがる

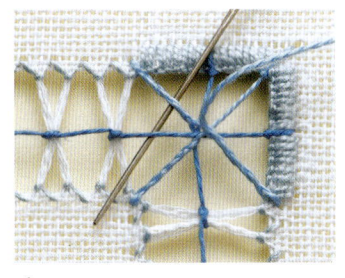

4 対角線に糸を渡し、中央から糸を出して渡り糸2本をすくう

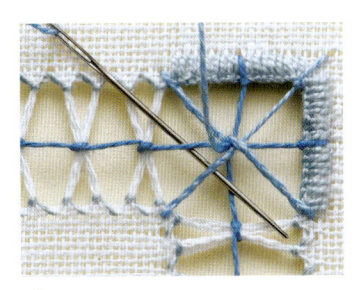

5 糸を引き、1本巻き戻って2本めと3本めをすくう

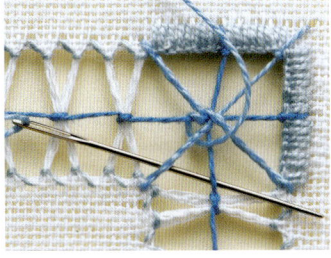

6 1本巻き戻り、3本めと4本めをすくう

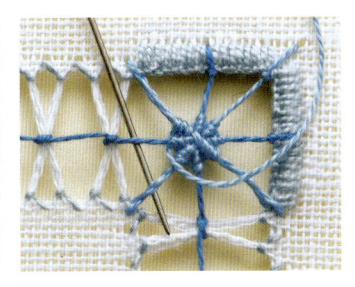

7 1本ずつ巻き戻りながら2本ずつ反時計回りに適宜かがる

8 最後は裏側に針を出し、表にひびかないように渡り糸の上をすくう

9 表側の角から針を出し、斜めの渡り糸に2〜3回からげて再び針を裏に出し、ボタンホール・ステッチの裏側で糸始末をする

10 でき上がり

S

BASIC EMBROIDERY TECHNIQUE

【 ひまわりかがり 】

ひまわりの花をイメージした模様は、丸いベースはくもの巣かがりで、小さな花びらは渡り糸とベースをダーニング・ステッチでかがります。

+ P.34 A 片ヘムかがり 2～7 を参照し、織り糸を抜き、糸始末をする。
+ P.36 B 両ヘムかがり 2～4 を参照し、ボタンホール・ステッチでまわりをかがる。
+ 結びかがりは P.38 D 結びかがり 2～11 を参照してかがる。

【 角に糸を渡さない場合のボタンホール・ステッチ 】

1 織り糸を抜いたところ

2 右よこの織り糸の途中からボタンホール・ステッチを刺し、角までかがったら、2目下に針を入れてボタンホール・ステッチをかがる

3 更に2目下（角）に針を入れてかがる

4 角から2目めに針を入れてかがる

【 ボタンホール・ステッチの途中で糸が足りなくなった時のつなぎ方 】 ※わかりやすいように糸の色を替えてあります。

5 続けてかがる

6 短くなった糸は裏側に出してゆるめにループを残しておき、新しい糸でランニング・ステッチをして糸をつけて目の下から針を出し、残しておいたループに通す

7 残しておいた糸を引き、新しい糸で2～3かがり、糸端を始末する。続けてボタンホール・ステッチをかがる

8 1周かがり、最後は最初のボタンホール・ステッチの頭をすくって裏側で糸始末をする（P.36 B 8～11参照）

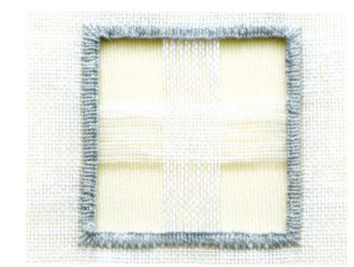

9 ボタンホール・ステッチのでき上がり

10 結びかがりをする。1段めの位置に糸をつけ、織り糸4本（かがる本数）ずつ結びかがり

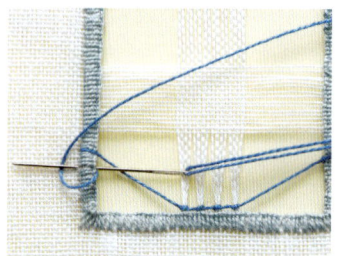

11 1段めの結びかがりのでき上がり。裏側をすくって次の段に針を出し、右端に向かって2段めをかがる

12 裏側をすくって同じ要領で3、4段めをかがる

58

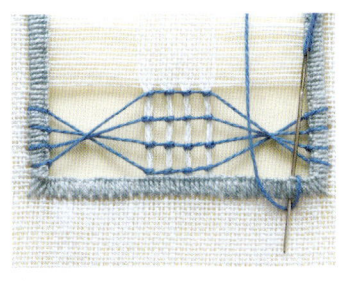

13 4段めまでかがったら、角の裏側をすくって右側たて方向のはじめに針を出し、同じ要領で4段の角までかがる

14 4段めの交点にきたら交点をすくって結びかがりをする

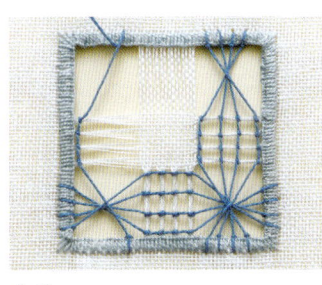

15 ボタンホール・ステッチの裏側をすくって左側たて方向も同じ要領でかがる

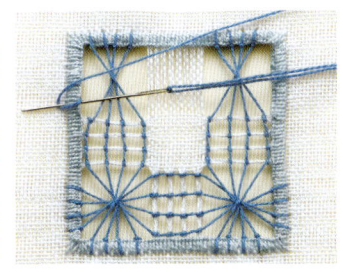

16 4辺めは新しい糸をつけて同じ要領でかがるが、交点はすくって結びかがりをする

17 余分な織り糸を際でカットする

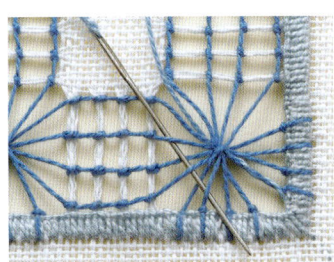

18 捨て糸(P.34 A 9 参照)をし、渡り糸に2回からげて中心に移動し、裏側で交点を2回すくう。針を表に出してくもの巣かがりをする(P.43 H 13～15 参照)

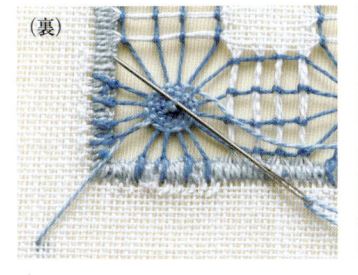

19 約5周したら右下に近い位置から針を裏側に出し、中心近くを一針すくう

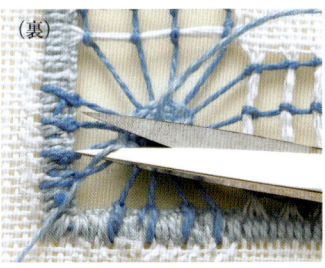

20 捨て糸を際でカットする

21 くもの巣かがりの最終段の内側から針を表に出し、渡り糸に2回からげる

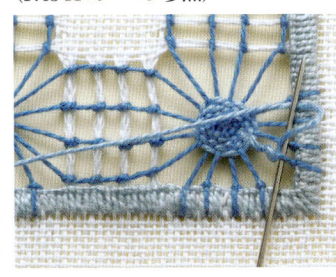

22 渡り糸に結びかがりをする

23 糸を引き、反時計回りに結びかがりを1周する。この時渡り糸が歪まないように糸の引き過ぎに注意する

24 1周したら最後は結びかがりの内側に針を出す

59

S

BASIC EMBROIDERY TECHNIQUE

【 ひまわりかがり 】

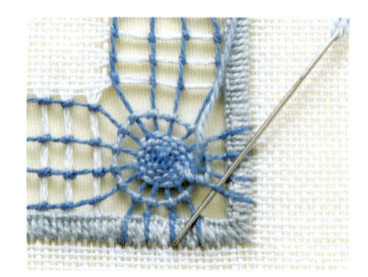

25 糸を引き、斜めの渡り糸をすくう

26 内側の結びかがりの渡り糸をすくう

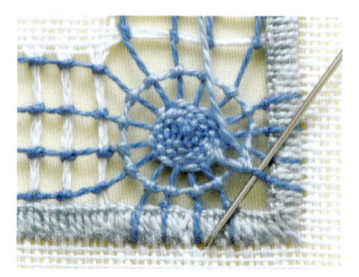

27 斜めの渡り糸をすくう

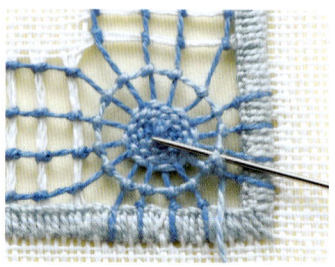

28 内側の結びかがりの渡り糸をすくう

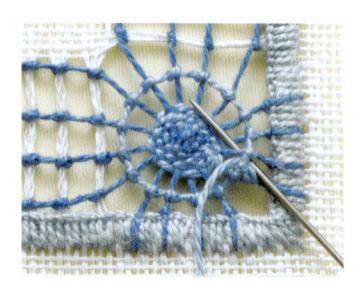

29 2往復したら、隣りの内側の渡り糸をすくう。24〜28を繰り返す

30 花弁5枚ができたところ。続けて1周かがる

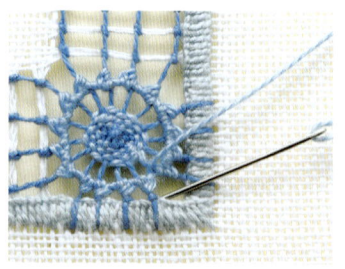

31 1周したら針を裏側に出す

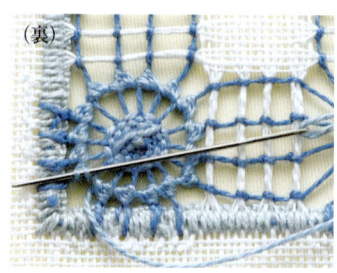

32 (裏) 布を裏返し、ダーニング・ステッチの裏側をすくう

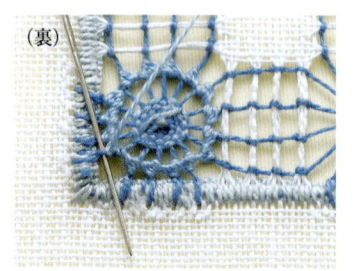

33 (裏) 渡り糸を一針すくって、ボタンホール・ステッチの裏側で糸始末をする。同じ要領で四隅に花を刺す

34 でき上がり

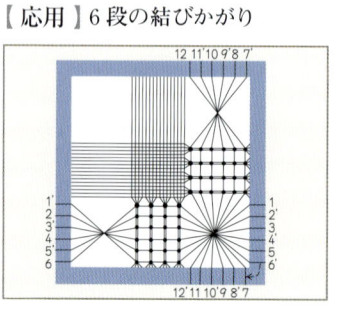

【応用】6段の結びかがり

結びかがりの段数を6段に変えた場合の糸の渡し方

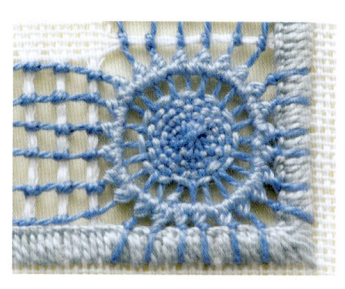

花弁の数が増えて繊細な花になる

60

T

BASIC EMBROIDERY TECHNIQUE

【 あじさいかがり 】

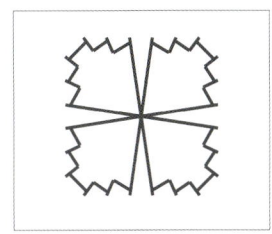

6段の結びかがりを使ってくもの巣かがりとダーニング・ステッチで作ります。織り糸のすくう本数を減らすことで、花弁の先端を描きます。

∻ P.34 A 片ヘムかがり 2〜7 を参照し、織り糸を抜き、糸始末をする。
∻ P.36 B 両ヘムかがり 2〜4 を参照し、ボタンホール・ステッチでまわりをかがる。
∻ P.58 S ひまわりかがり 1〜17 を参照し、織り糸を抜き、ボタンホール・ステッチと結びかがりをするが、結びかがりは6段に変えてかがる。
∻ 結びかがりは P.38 D 結びかがり 2〜11 を参照してかがる。

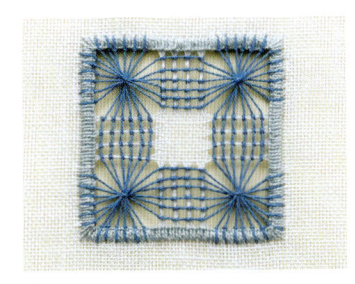

1 結びかがりが6段ずつできたところ

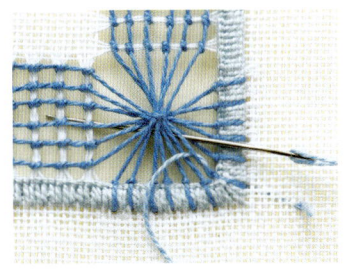

2 捨て糸（P.34 A 9参照）をし、渡り糸1本に2回からげて中心に移動し、裏に針を出す

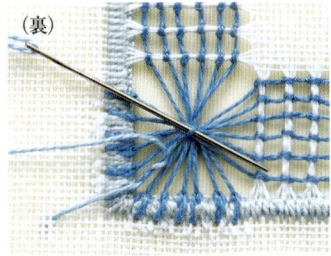

3 布を裏返して交点を2回すくう

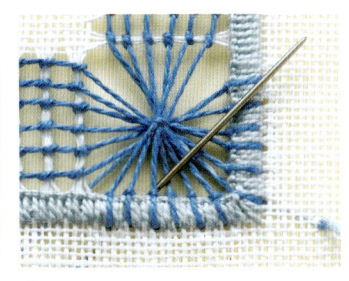

4 布を表に返し、下3本めに針を出す

5 渡り糸を交互にすくってくもの巣かがり（P.43 H 13〜15参照）を約2周する

6 花弁を続けてかがる。右下を3本交互にすくい、渡り糸6本でダーニング・ステッチを3往復する

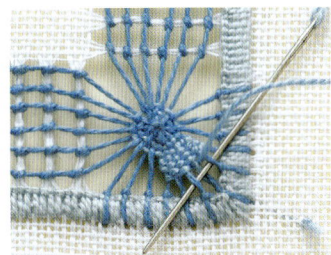

7 3往復したら、4本に減らしてダーニング・ステッチを3往復する

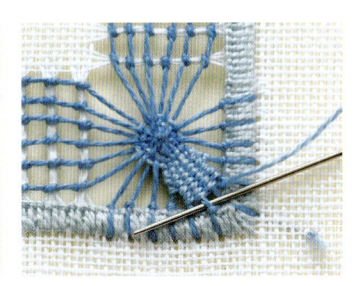

8 更に2本に減らして3往復し、裏側をすくって中心に戻り、針を裏側に出す。中心近くを一針すくう

【 応用 】

9 捨て糸を際でカットする

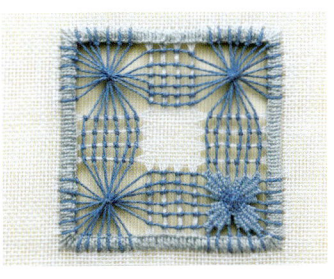

10 中央から針を出し、反時計回りに花弁を4枚刺す。同じ要領で四隅に花を刺す

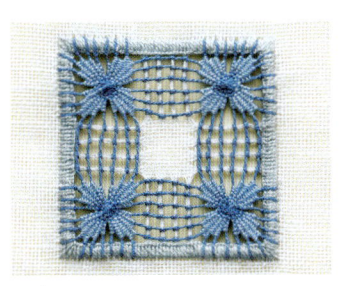

11 でき上がり

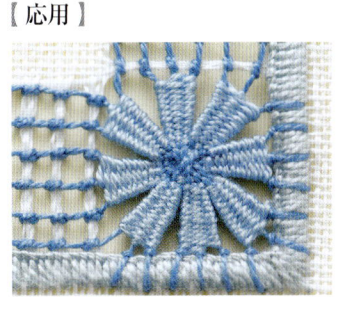

花弁の数を増やして8弁にした場合

61

U

BASIC EMBROIDERY TECHNIQUE

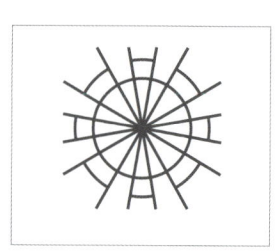

【 矢車草かがり 】

ひまわりかがりと同じ4段の結びかがりを使って、中央にくもの巣かがりをし、
ダーニング・ステッチのすくう位置を変えることで花弁の変化が楽しめます。

✣ P.34 A 片ヘムかがり 2〜7 を参照し、織り糸を抜き、糸始末をする。
✣ P.58 S ひまわりかがり 1〜17 を参照し、織り糸を抜き、ボタンホール・ステッチと結びかがりをする。
✣ 結びかがりは P.38 D 結びかがり 2〜11 を参照してかがる。
✣ 刺し終わりは P.36 B 8〜11 を参照してボタンホール・ステッチの裏側で糸始末をする。

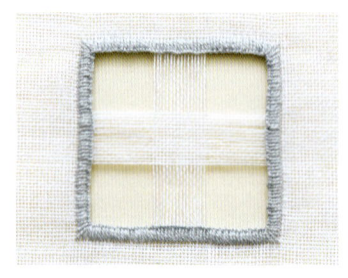

1 織り糸を抜き、ボタンホール・ステッチができたところ

2 4段の結びかがりをする。捨て糸（P.34 A 9参照）をし、渡り糸1本に2回からげて中心に移動し、裏側で交点を2回すくって表に針を出す。渡り糸を交互にすくう

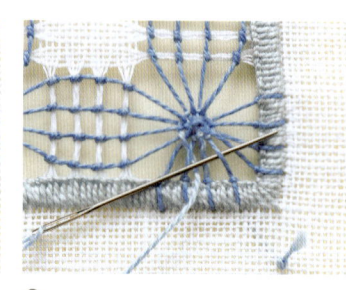

3 くもの巣かがり（P.43 H 13〜15参照）を2周し、1枚の花弁を刺す。渡り糸をすくう

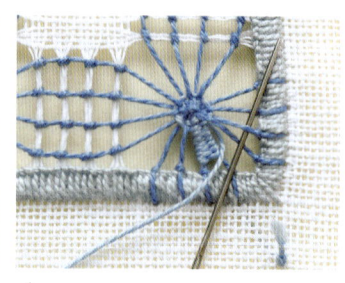

4 2本の渡り糸でダーニング・ステッチを6往復し、裏をすくって中心に戻り、隣りの渡り糸をすくってダーニング・ステッチを6往復する

5 2枚の花弁の間にダーニング・ステッチを3往復する

6 裏をすくって中心に戻り、4〜5を繰り返して1周する

7 1周したら布を裏返して捨て糸を際でカットし、最後の3往復と6往復の2目くらいの裏をすくって中心に戻る

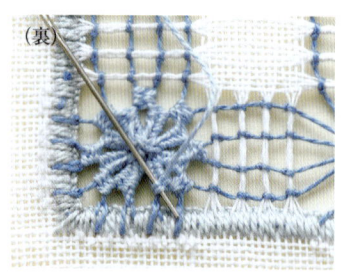

8 糸を引き、もう一度外側に2目くらいすくう

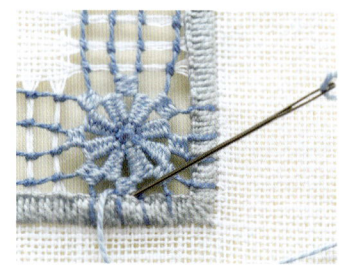

9 表に返し、最初と最後の渡り糸の間にダーニング・ステッチを3往復して針を裏に出し、裏側で始末をする。同じ要領で四隅に花を刺す

10 でき上がり

【 その他応用 】

{ ボタンホール・ステッチに糸をつけることができない場合の糸のつけ方 }
K さぎ草かがりの場合

1 P.59 S ひまわりかがり18の要領で、裏側で渡した糸の交点を2回すくい、更にもう一度糸をかけて結ぶ

2 角から表に針を出し、角の2目内側をすくう

3 糸を引き、対角線に渡した糸に3回からげて中心に移動して針を出す

4 P.49 K さぎ草かがり9〜16の要領でかがるが、くもの巣かがりは2周かがる

5 でき上がり

{ 階段状にかがる場合の角のボタンホール・ステッチの目の拾い方 }

1 織り糸を抜き、始末をしたところ

2 角までボタンホール・ステッチをしたら、4本手前で同じ目に針を入れながら1本ずつずらしてすくう

3 内側の角を拾う

4 続けて角をまわり、同じ目に針を入れて4目かがったら、織り目に移り、1目ずつかがる

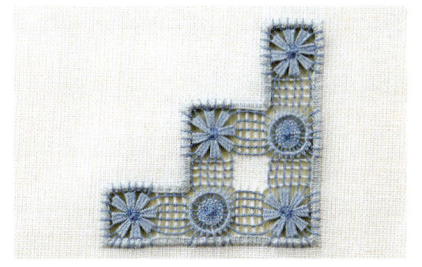

5 でき上がり

P.4 〈サンプラー〉

材料（1枚分）
布／DMCリネン32カウント（1cm角＝布目12目×12目） 白（B5200） 42cm×47cm
糸／DMC刺しゅう糸 アブローダー 白（BLANC）#16を2束、#20を1束
でき上がり寸法 約21.5cm×26cm

- 糸は1本どり
- 指定以外は#16
- ボタンホール・ステッチは#20

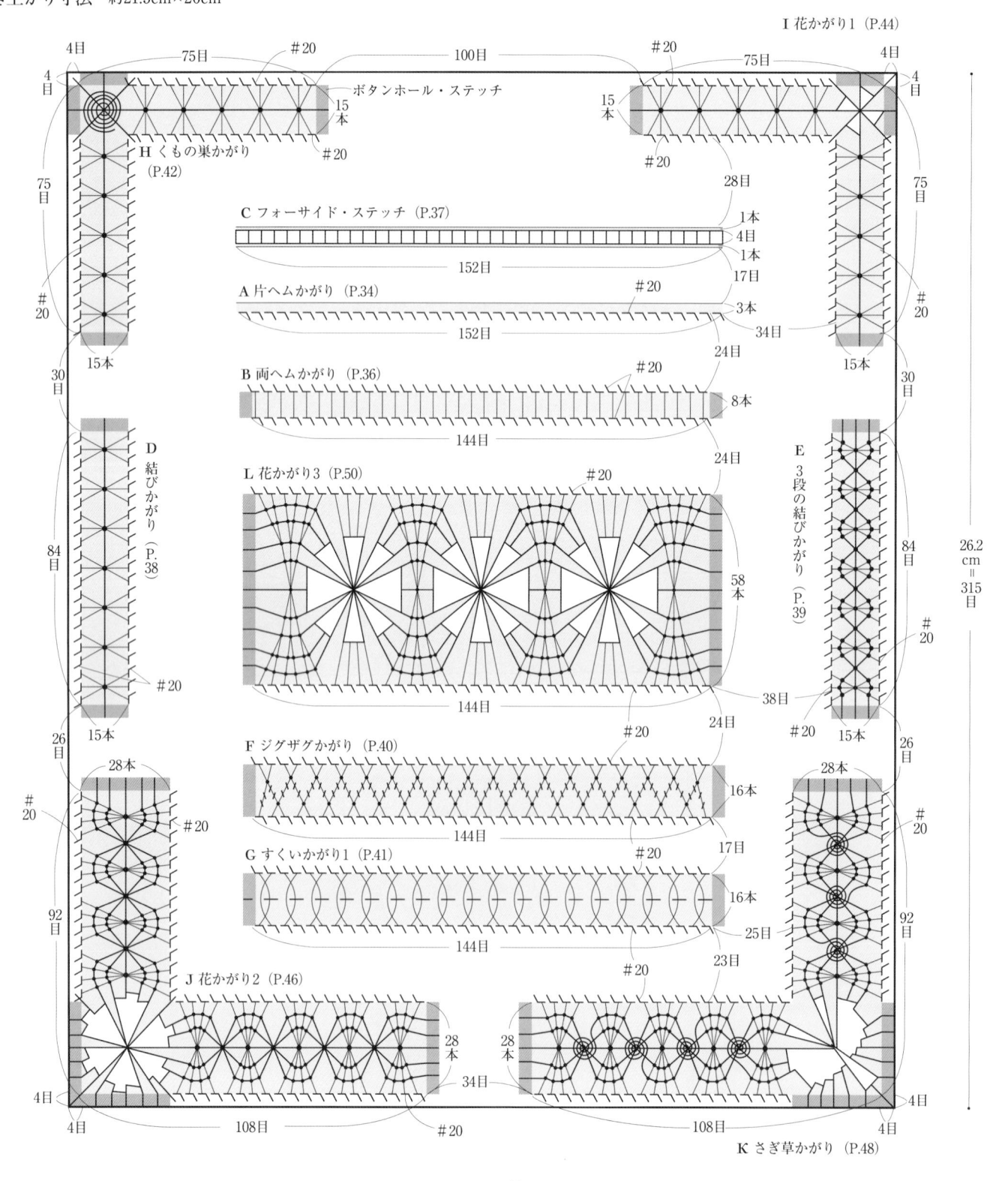

I 花かがり1 （P.44）
H くもの巣かがり （P.42）
ボタンホール・ステッチ
C フォーサイド・ステッチ （P.37）
A 片ヘムかがり （P.34）
B 両ヘムかがり （P.36）
D 結びかがり （P.38）
L 花かがり3 （P.50）
E 3段の結びかがり （P.39）
F ジグザグかがり （P.40）
G すくいかがり1 （P.41）
J 花かがり2 （P.46）
K さぎ草かがり （P.48）

26.2cm = 315目
21.5cm = 258目

64

- R フィールかがり (P.57)
- Q ケーブルかがり (P.56)
- O すくいかがり2 (P.54)
- M ダイヤモンドかがり (P.52)
- S ひまわりかがり (P.58)
- T あじさいかがり (P.61)
- U 矢車草かがり (P.62)
- N 波かがり (P.53)
- P ダーニングかがり (P.55)

ボタンホール・ステッチ

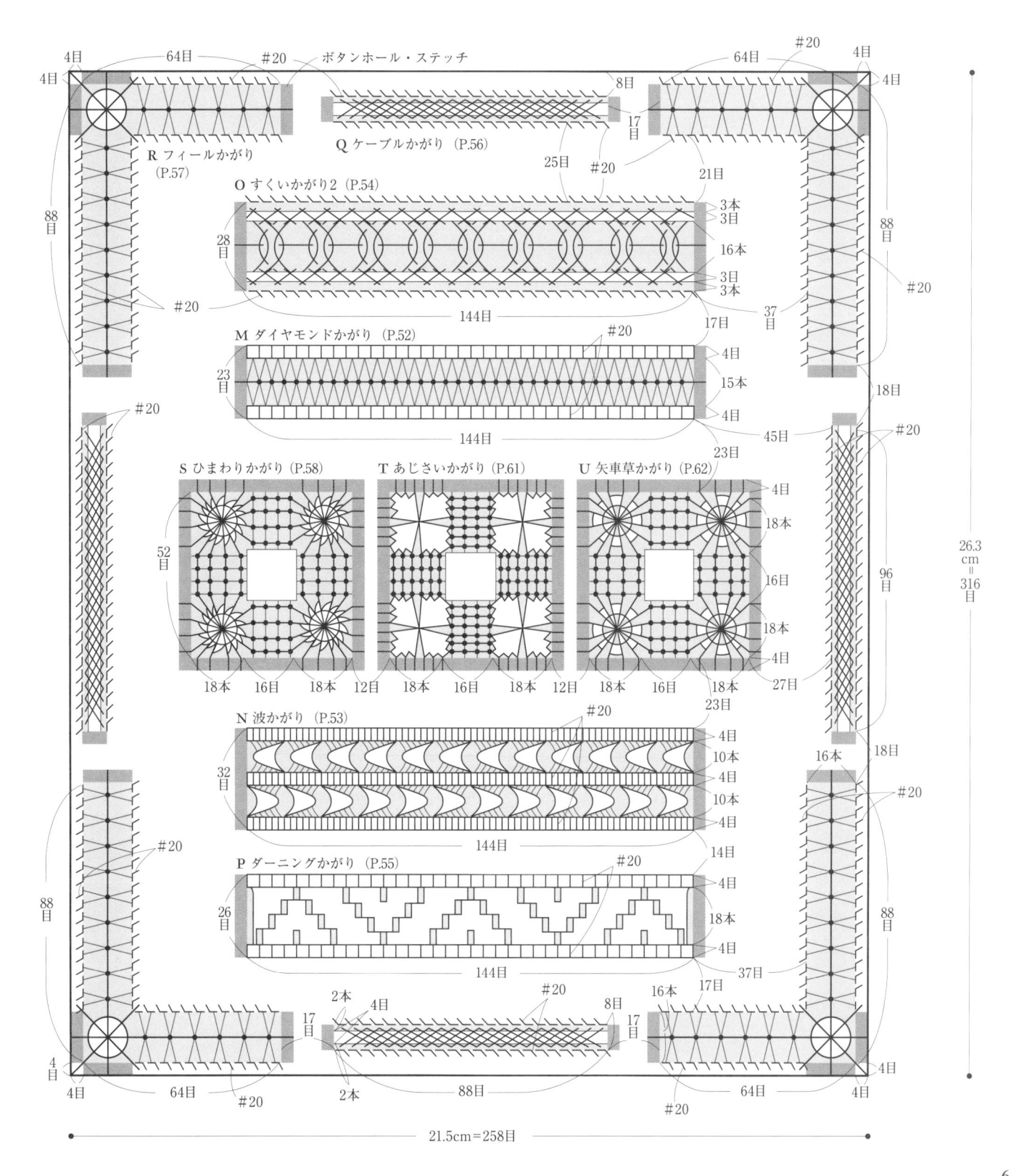

26.3 cm = 316目

21.5cm = 258目

P.6 〈小さな額〉

材料（1枚分）
布／DMCリネン32カウント
　（1cm角＝布目12目×12目）　白（B5200）
　22cm×25cm
糸／DMC刺しゅう糸
　アブローダー#16　白（BLANC）
その他／額縁（大きさは刺しゅうに合わせて好みで）

でき上がり寸法（刺しゅう部分）
〈6ページ〉10cm×14.4cm
〈7ページ〉12cm×14.4cm

作り方
布の中央に刺しゅうをし、額に入れます。

〈6ページ〉
・刺しゅう糸は1本どり

H　くもの巣かがり（P.42）
Q　ケーブルかがり（P.56）
M　ダイヤモンドかがり（P.52）
N　波かがり（P.53）
Q　ケーブルかがり（P.56）
C　フォーサイド・ステッチ（P.37）　　ボタンホール・ステッチ

14.4cm＝173目
10cm＝120目

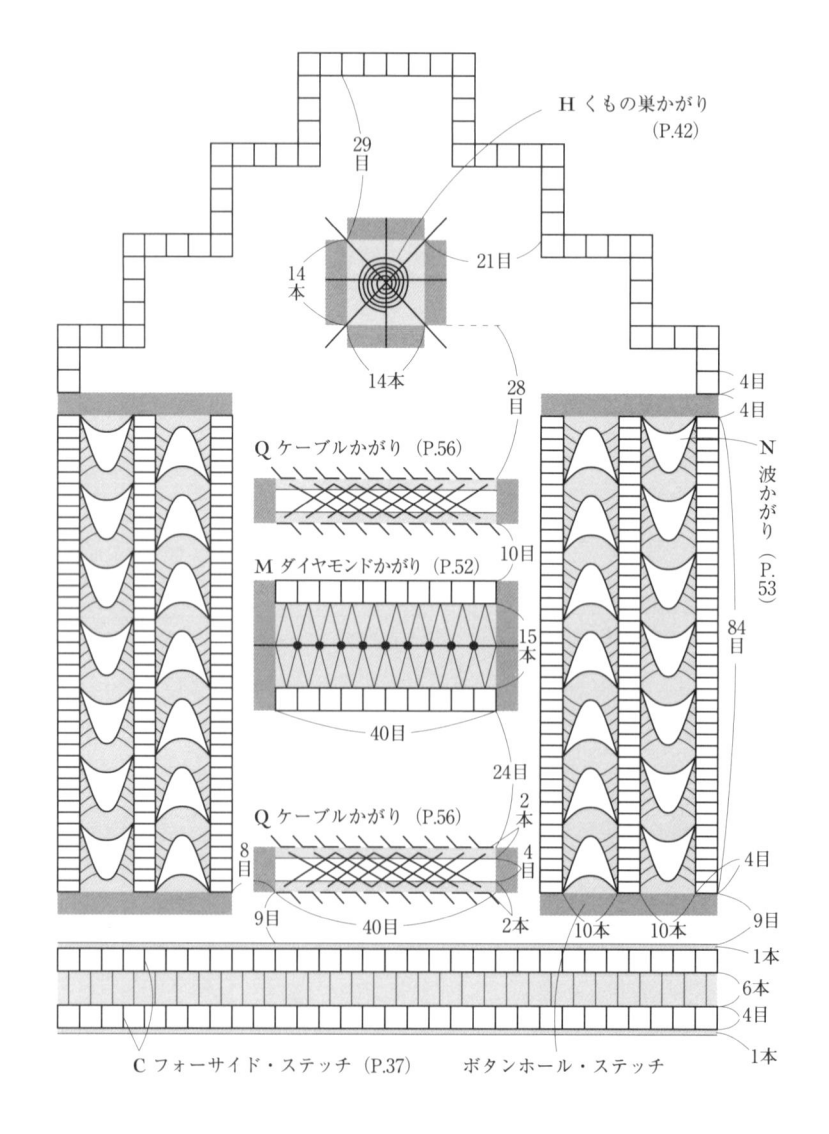

リバース ファゴット・ステッチ

斜めに布目をすくいながら、2列平行して
刺し進む（図は2目ずつ刺した場合）

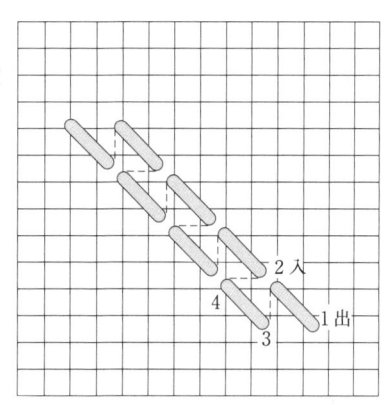

〈7ページ〉
・刺しゅう糸は1本どり

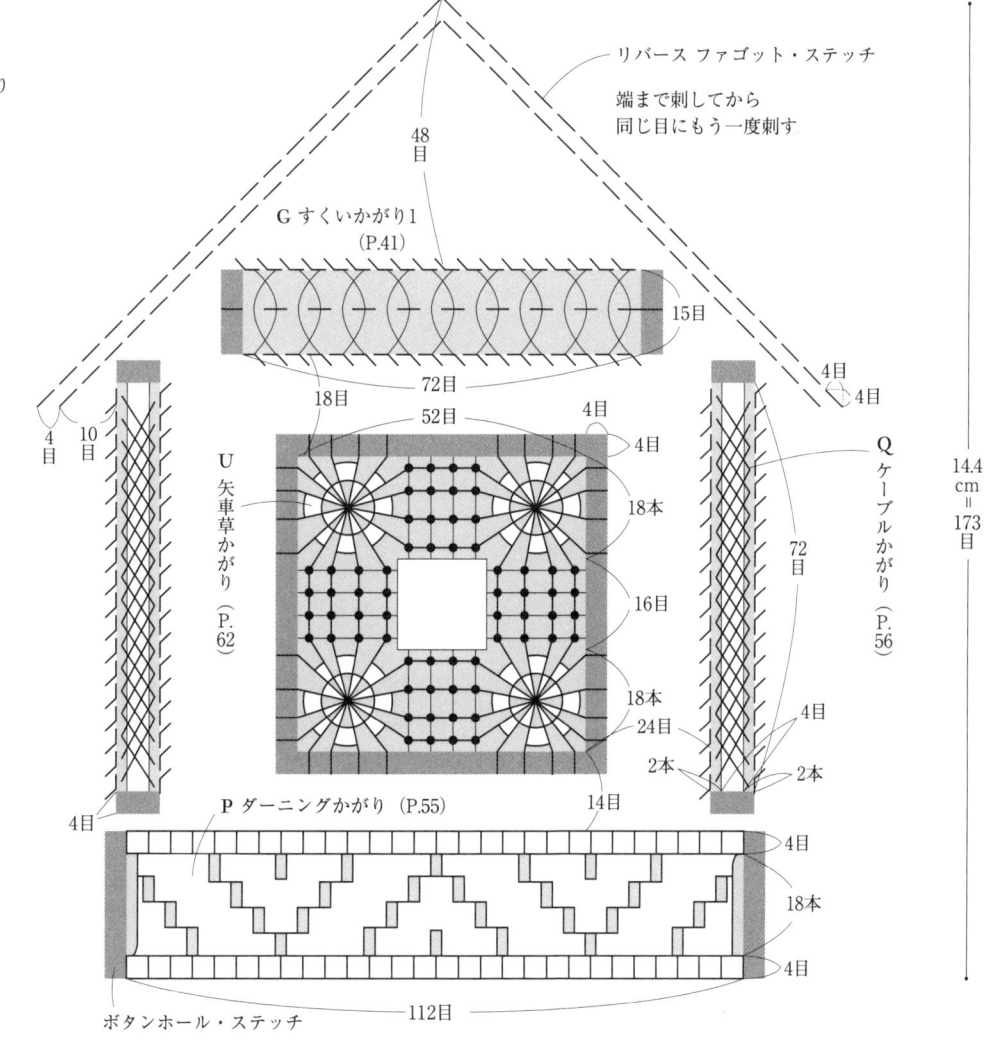

リバース ファゴット・ステッチ
端まで刺してから
同じ目にもう一度刺す

G すくいかがり1 (P.41)

U 矢車草かがり (P.62)

Q ケーブルかがり (P.56)

P ダーニングかがり (P.55)

ボタンホール・ステッチ

14.4cm = 173目

12cm = 144目

P.8 〈コースター〉

材料（1枚分）
布／DMCリネン32カウント
　（1cm角＝布目12目×12目）　白（B5200）
　20cm角
糸／DMC刺しゅう糸
　アブローダー　白（BLANC）#16、#20
でき上がり寸法　12.5cm角

作り方
〈左〉
1　指定の位置に C フォーサイド・ステッチをします。
2　1のまわりに Q ケーブルかがり、D 結びかがり、R フィールかがりをします。
3　余分な縫い代を裁ち落とし、まわりを三つ折りにして A 片ヘムかがりで始末します。

〈右〉
1　指定の位置に D 結びかがり、I 花かがり1をします。
2　余分な縫い代を裁ち落とし、まわりを三つ折りにして A 片ヘムかがりで始末します。

縁の始末
織り糸4本ずつ A 片ヘムかがり
各辺とも2ヵ所は3本ずつかがる

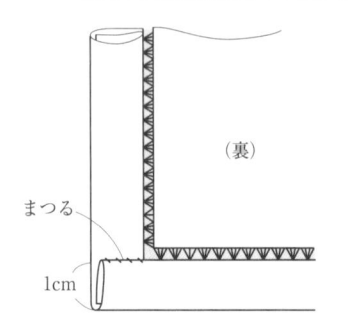

✦ 寸法と図案 ✦
・刺しゅう糸はすべて1本どり
・刺しゅうが終わってから、まわりに2cmずつの縫い代をつけて裁ち整える

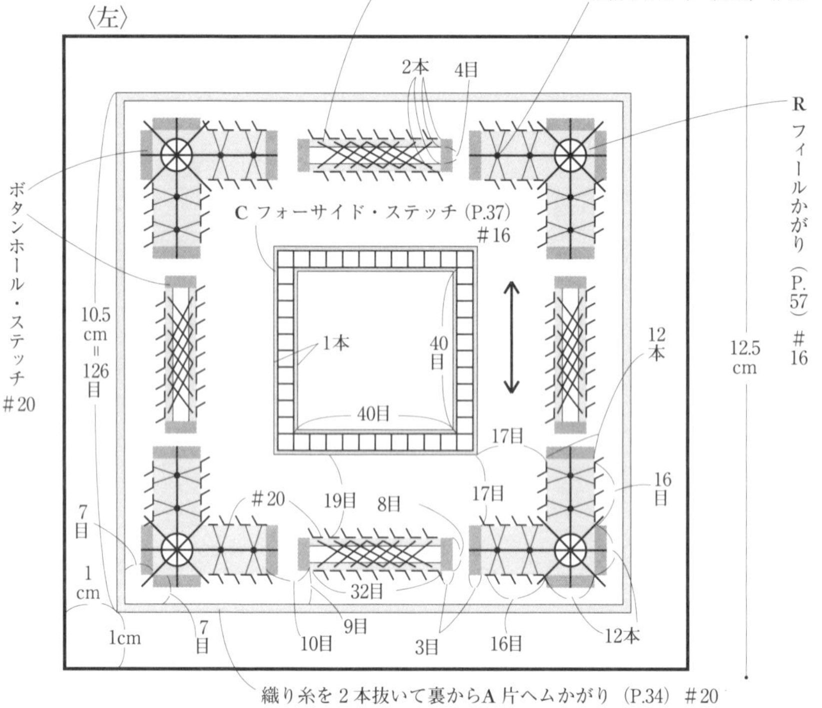

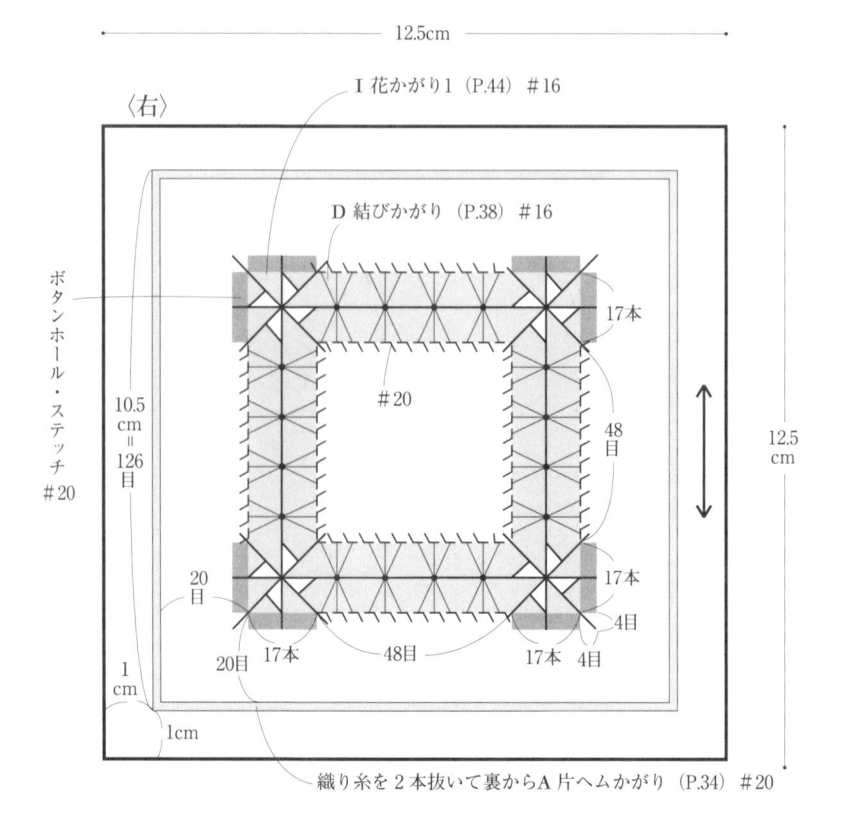

〈左〉
Q ケーブルかがり（P.56）#16
D 結びかがり（P.38）#16
R フィールかがり（P.57）#16
C フォーサイド・ステッチ（P.37）#16
ボタンホール・ステッチ #20
織り糸を2本抜いて裏から A 片ヘムかがり（P.34）#20

〈右〉
I 花かがり1（P.44）#16
D 結びかがり（P.38）#16
ボタンホール・ステッチ #20
織り糸を2本抜いて裏から A 片ヘムかがり（P.34）#20

P.9 〈ティーマット〉

材料（1枚分）
布／DMCリネン32カウント
　　（1cm角＝布目12目×12目）　白（B5200）
　　44cm×36cm
糸／DMC刺しゅう糸
　　アブローダー　白（BLANC）#16、#20
　　25番刺しゅう糸　白（BLANC）
でき上がり寸法　34cm×26cm

作り方
〈左〉
1　指定の位置に U 矢車草かがりをします。
2　1のまわりに C フォーサイド・ステッチをします。
3　余分な縫い代を裁ち落とし、まわりを三つ折りにして A 片ヘムかがりで始末します。

〈右〉
1　〈左〉の矢車草かがりを S ひまわりかがりにかえて、同様に作ります。

✦ 寸法と図案 ✦
・刺しゅう糸は指定以外1本どり
・刺しゅうが終わってから、まわりに3cmずつの縫い代をつけて裁ち整える
・布の寸法は、〈左〉〈右〉共通

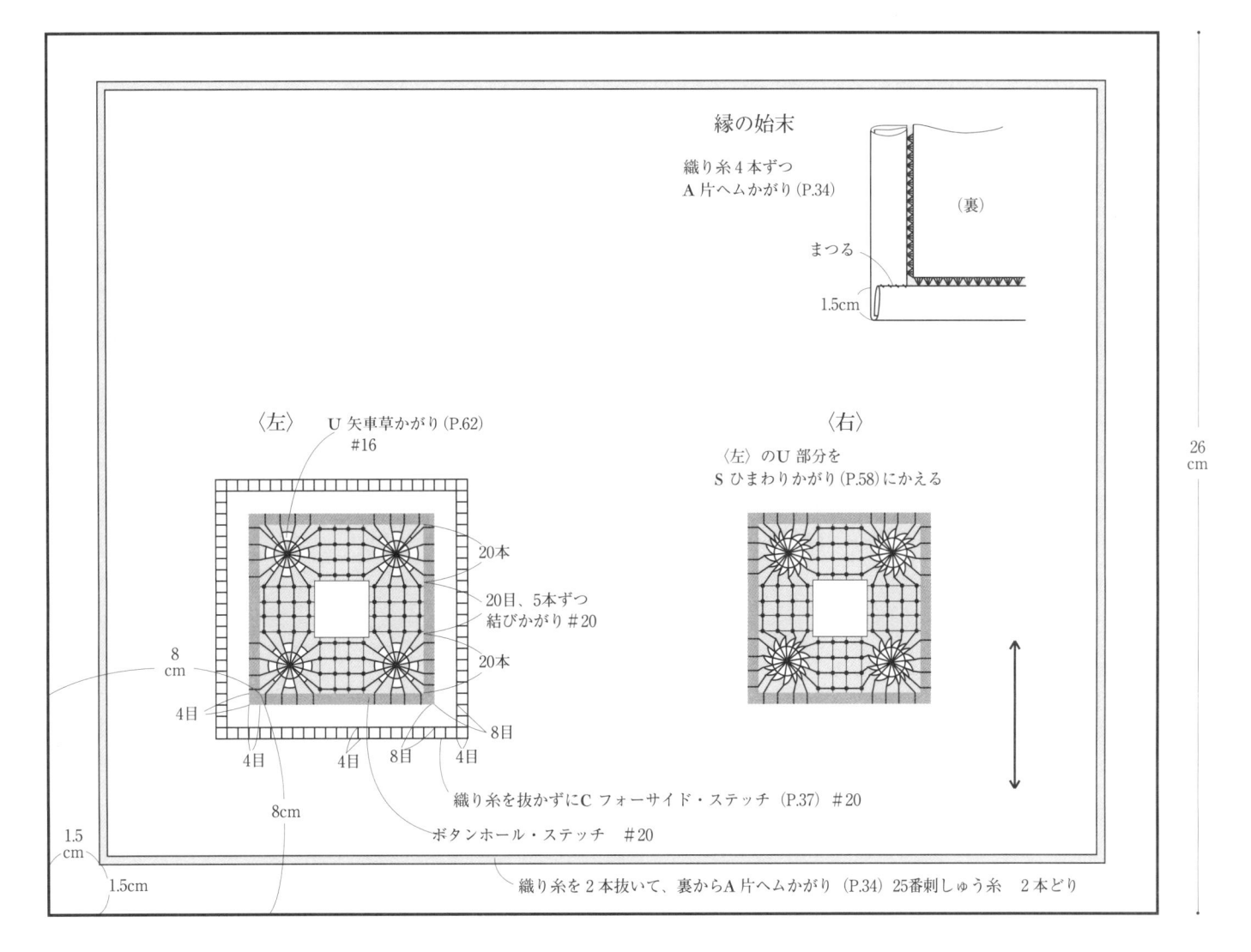

縁の始末
織り糸4本ずつ
A 片ヘムかがり (P.34)
（裏）
まつる
1.5cm

〈左〉U 矢車草かがり (P.62) #16
20本
20目、5本ずつ結びかがり #20
20本
8cm
4目
4目　4目　8目　4目
8cm
1.5cm
1.5cm

〈右〉
〈左〉の U 部分を
S ひまわりかがり (P.58)にかえる

織り糸を抜かずに C フォーサイド・ステッチ (P.37) #20
ボタンホール・ステッチ #20
織り糸を2本抜いて、裏から A 片ヘムかがり (P.34)　25番刺しゅう糸　2本どり

34cm
26cm

p.10 〈 ポーチ 〉

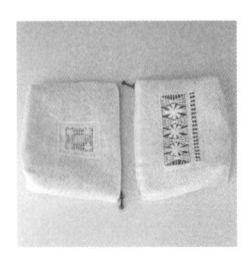

材料（1個分）
布／DMCリネン32カウント
　（1cm角＝布目12目×12目）　生成り（3865）
　37cm×24cm
糸／DMC刺しゅう糸
　アブローダー　白（BLANC）#16、#20
その他／20cmのファスナー
　裏布用木綿地35cm×22cm
でき上がり寸法　図参照

作り方
〈左〉
1　指定の位置にU矢車草かがりをします。
2　1のまわりにチェーン・ステッチをします。
3　余分な縫い代を裁ち落とし、図のように仕立てます。
〈右〉
1　指定の位置にL花かがり3をします。
2　Gすくいかがりをします。
3　余分な縫い代を裁ち落とし、図のように仕立てます。

作り方

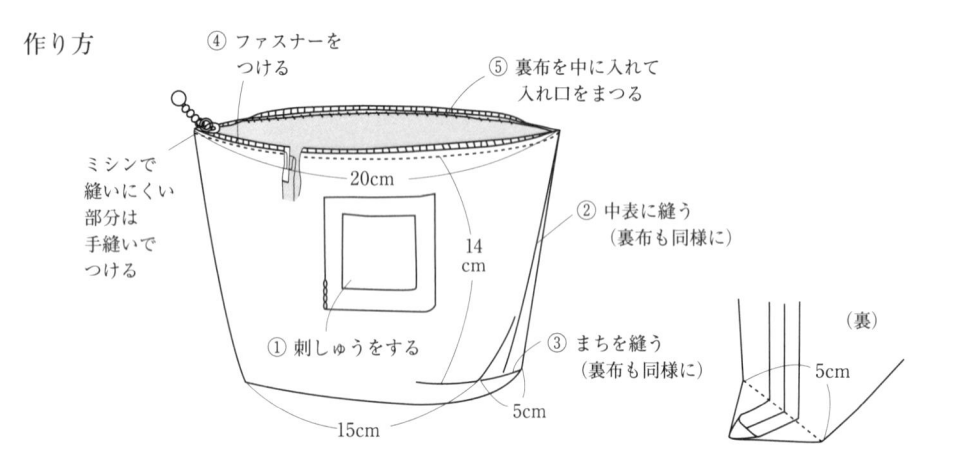

④ ファスナーをつける
⑤ 裏布を中に入れて入れ口をまつる
ミシンで縫いにくい部分は手縫いでつける
20cm
② 中表に縫う（裏布も同様に）
14cm
① 刺しゅうをする
③ まちを縫う（裏布も同様に）
15cm
5cm
（裏）
5cm

✤ 寸法と図案 ✤
・刺しゅう糸は1本どり
・表布は刺しゅうが終わってから、まわりに
　1cmずつの縫い代をつけて裁ち整える
・裏布はまわりに1cmの縫い代をつけて裁つ

〈右〉

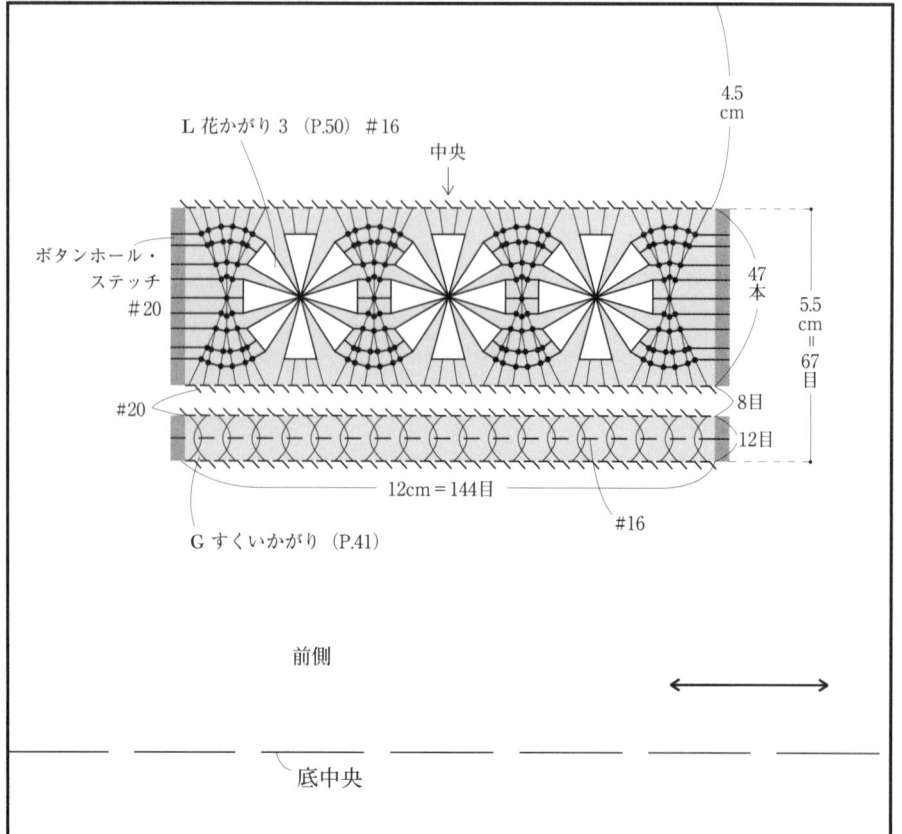

L 花かがり3（P.50）#16
中央
ボタンホール・ステッチ #20
4.5cm
47本
5.5cm＝67目
#20
8目
12目
12cm＝144目
#16
G すくいかがり（P.41）

前側

底中央

〈左〉

チェーン・ステッチ

チェーン・ステッチ #16
1cm
中央
4cm
ボタンホール・ステッチ #20
18本
16目
#20
#16 } U 矢車草かがり (P.62)
18本
5cm = 60目
18本
16目 18本 4目
4目

前側

↔

底中央

後ろ側

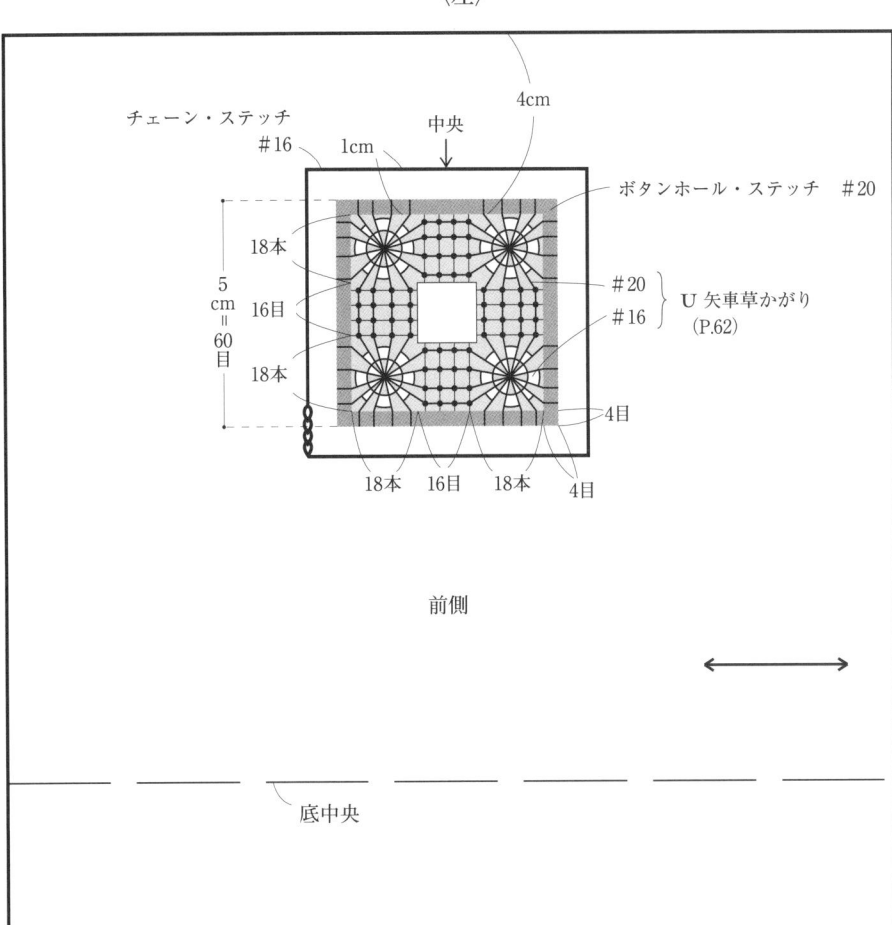

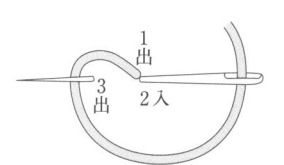

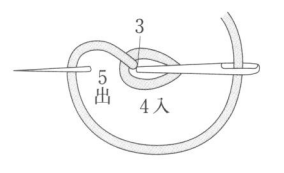

33cm

20cm

P.1,11 〈 ランチョンマット 〉

材料（1枚分）
布／DMCリネン32カウント
　（1cm角＝布目12目×12目）　白（B5200）
　54cm×42cm
糸／DMC刺しゅう糸
　アブローダー　白（BLANC）#16、#20
　25番刺しゅう糸　白（BLANC）
でき上がり寸法　43.5cm×32cm
作り方
〈11ページ〉
1　指定の位置にJ花かがり2をします。
2　1のまわりにMダイヤモンドかがり、Rフィールかがりをします。
3　余分な縫い代を裁ち落とし、まわりを三つ折りにしてA片ヘムかがりで始末します。
〈1ページ〉
1　〈11ページ〉の花かがり2をKさぎ草かがりにかえて、同様に作ります。

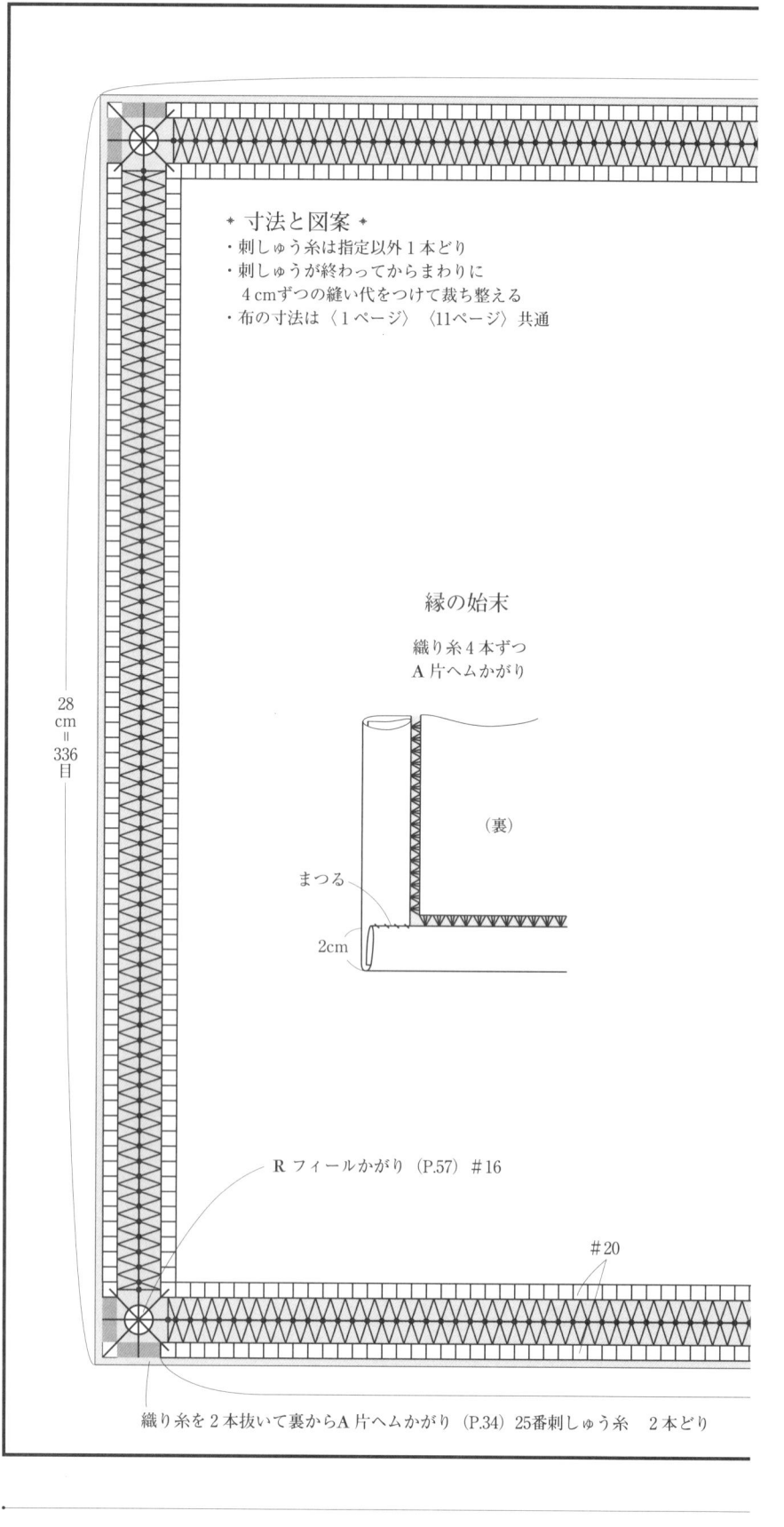

✦ 寸法と図案 ✦
・刺しゅう糸は指定以外1本どり
・刺しゅうが終わってからまわりに
　4cmずつの縫い代をつけて裁ち整える
・布の寸法は〈1ページ〉〈11ページ〉共通

縁の始末

織り糸4本ずつ
A片ヘムかがり

（裏）

まつる

2cm

28cm＝336目

Rフィールかがり（P.57）#16

#20

織り糸を2本抜いて裏からA片ヘムかがり（P.34）25番刺しゅう糸　2本どり

39.5cm＝476目

〈1ページ〉

〈11ページ〉のJ部分を
K さぎ草かがり（P.48）に
かえる

〈11ページ〉

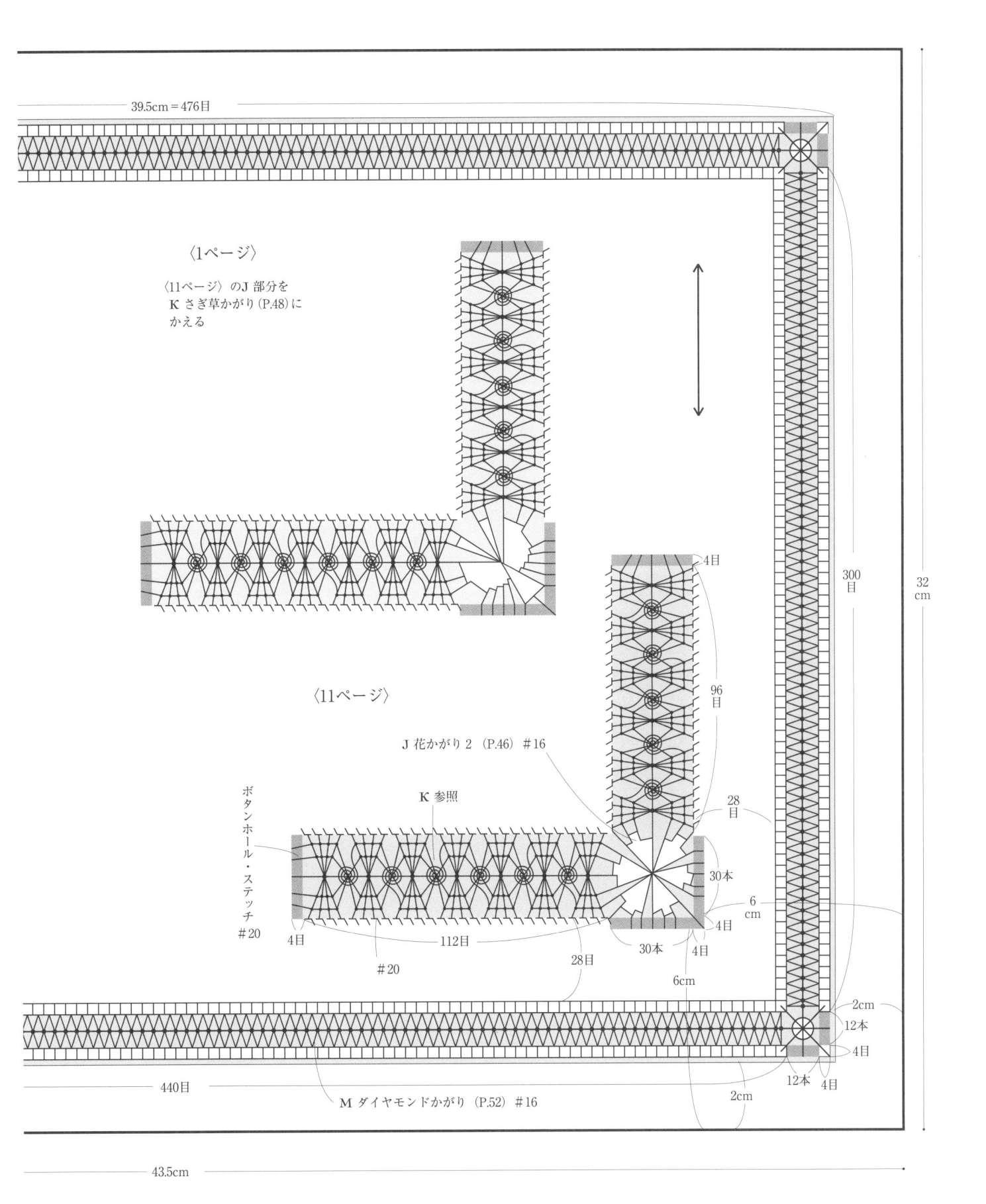

ボタンホール・ステッチ
#20

K 参照

J 花かがり 2 （P.46）#16

4目

96目

28目

30本

30本

4目

4目

4目

112目

#20

28目

6cm

300目

32cm

6cm

2cm

12本

4目

12本

2cm

440目

M ダイヤモンドかがり（P.52）#16

43.5cm

73

P.12 〈 バッグ 〉

材料
布／ソフトコングレス
　（亀島商店　1cm角＝布目7.5目×7.5目）
　生成り72cm×43cm
糸／DMC刺しゅう糸
　コットンパール#8　生成り（ECRU）
　25番刺しゅう糸　生成り（ECRU）
その他／裏布用木綿地64cm×33cm
でき上がり寸法　図参照

作り方
1　指定の位置にTあじさいかがりをします。
2　1のまわりにCフォーサイド・ステッチをします。
3　余分な縫い代を裁ち落とし、各パーツを裁断して図のように仕立てます。

* 寸法と図案 *
・刺しゅう糸は指定以外1本どり
・袋布前側は30cm×35cmに粗裁ちし、刺しゅうが終わってからまわりに1.5cmの縫い代をつけて裁ち整える
・（　）内は縫い代、指定以外は1.5cmつけて裁つ

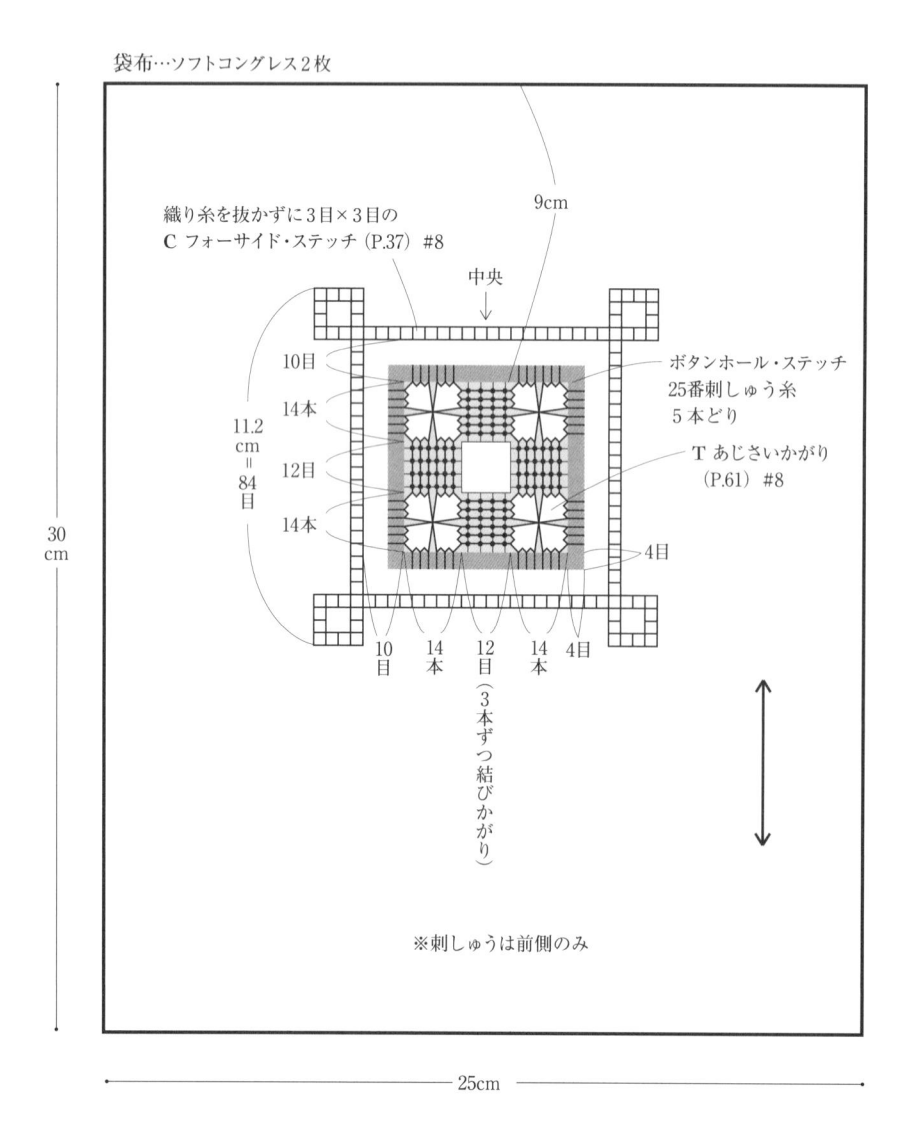

袋布…ソフトコングレス2枚

織り糸を抜かずに3目×3目の
Cフォーサイド・ステッチ（P.37）#8

9cm

中央

ボタンホール・ステッチ
25番刺しゅう糸
5本どり

Tあじさいかがり
（P.61）#8

10目
14本
12目
14本
4目

11.2cm＝84目

10目　14本　12目　14本　4目

（3本ずつ結びかがり）

30cm

25cm

※刺しゅうは前側のみ

持ち手表布　ソフトコングレス　2枚

（まわり裁ち切り）

33cm

2.5cm

7cm

5 cm

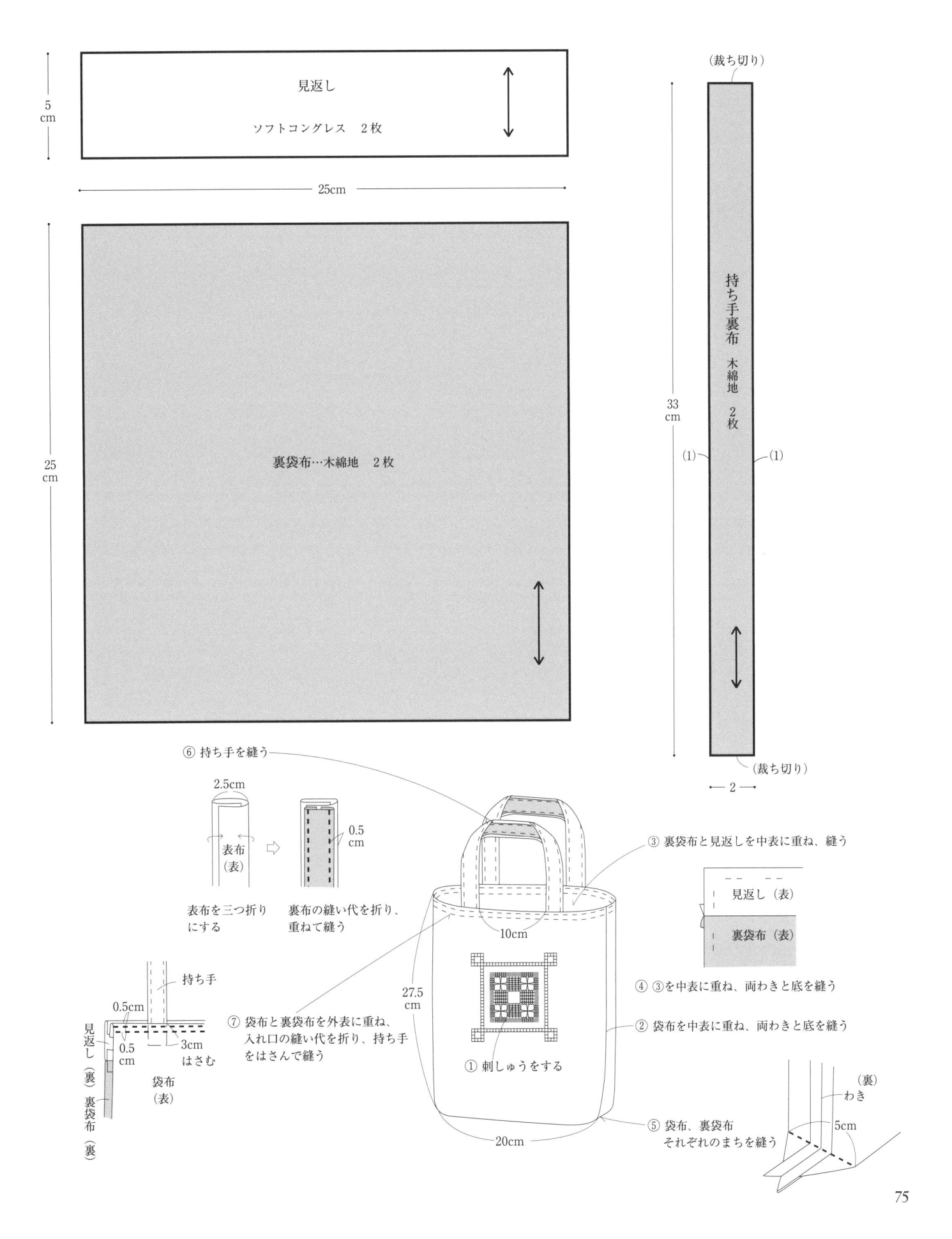

見返し
ソフトコングレス　2枚

25cm

裏袋布…木綿地　2枚

25 cm

(裁ち切り)

持ち手裏布　木綿地　2枚

33 cm

(1)　(1)

(裁ち切り)

2

⑥ 持ち手を縫う

2.5cm

表布（表）

0.5 cm

表布を三つ折りにする

裏布の縫い代を折り、重ねて縫う

持ち手

0.5cm

0.5cm

3cm はさむ

見返し（裏）

裏袋布（裏）

袋布（表）

⑦ 袋布と裏袋布を外表に重ね、入れ口の縫い代を折り、持ち手をはさんで縫う

10cm

27.5 cm

① 刺しゅうをする

20cm

③ 裏袋布と見返しを中表に重ね、縫う

見返し（表）

裏袋布（表）

④ ③を中表に重ね、両わきと底を縫う

② 袋布を中表に重ね、両わきと底を縫う

⑤ 袋布、裏袋布それぞれのまちを縫う

(裏)

わき

5cm

P.14 〈 ブックカバー&しおり 〉

材料（1枚分）
布／DMCリネン32カウント
　（1cm角＝布目12目×12目）　淡茶（3782）
　〈ブックカバー〉42cm×20cm
　〈しおり〉18cm×10cm
糸／DMC刺しゅう糸
　アブローダー　白（BLANC）#16、#20
その他／〈ブックカバー〉裏布用木綿地
　40cm×18cm
　幅1cmの綾テープ18cm

でき上がり寸法
　〈ブックカバー〉文庫本サイズ
　〈しおり〉4.8cm×12.6cm（ひもを除く）

作り方
〈14ページのブックカバー〉
1　B 両ヘムかがりとボタンホール・ステッチで図案のまわりをかがります。
2　N 波かがりをします。
3　余分な縫い代を裁ち落とし、図のように仕立てます。

〈15ページのブックカバー〉
1　A 片ヘムかがりとボタンホール・ステッチで図案のまわりをかがり、Q ケーブルかがりの下準備をします。
2　Q ケーブルかがり、O すくいかがり2をします。
3　余分な縫い代を裁ち落とし、図のように仕立てます。

〈しおり〉
1　N 波かがりをします。
2　まわりにボタンホール・ステッチをします。
3　ボタンホール・ステッチの際から余分な布をカットし、ひもをつけます。

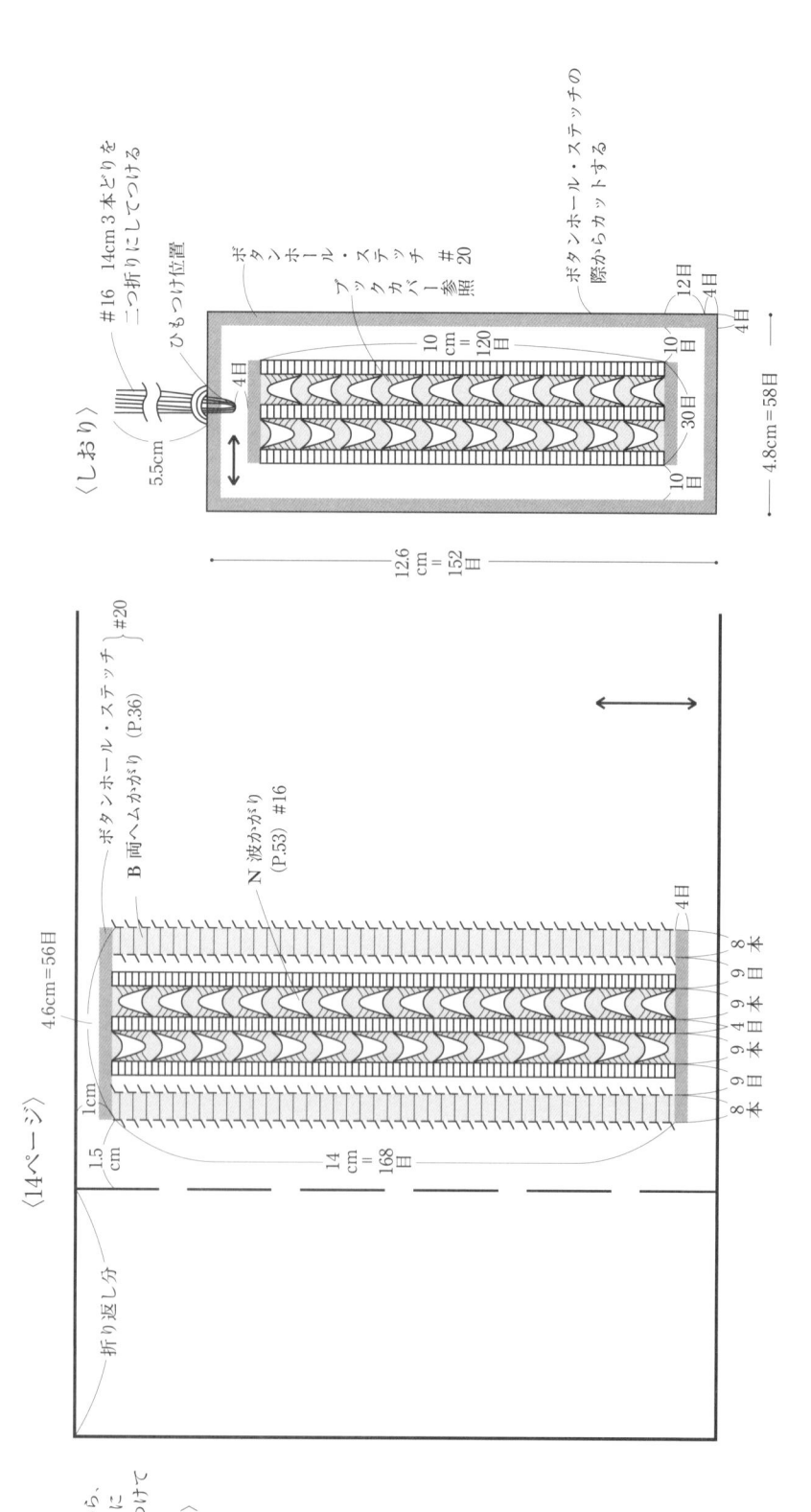

* 寸法と図案 *
・刺しゅう糸は1本どり
・刺しゅうが終わってから、ブックカバーはまわりに1cmずつの縫い代をつけて裁ち整える
・布の寸法は〈14ページ〉〈15ページ〉裏布共通

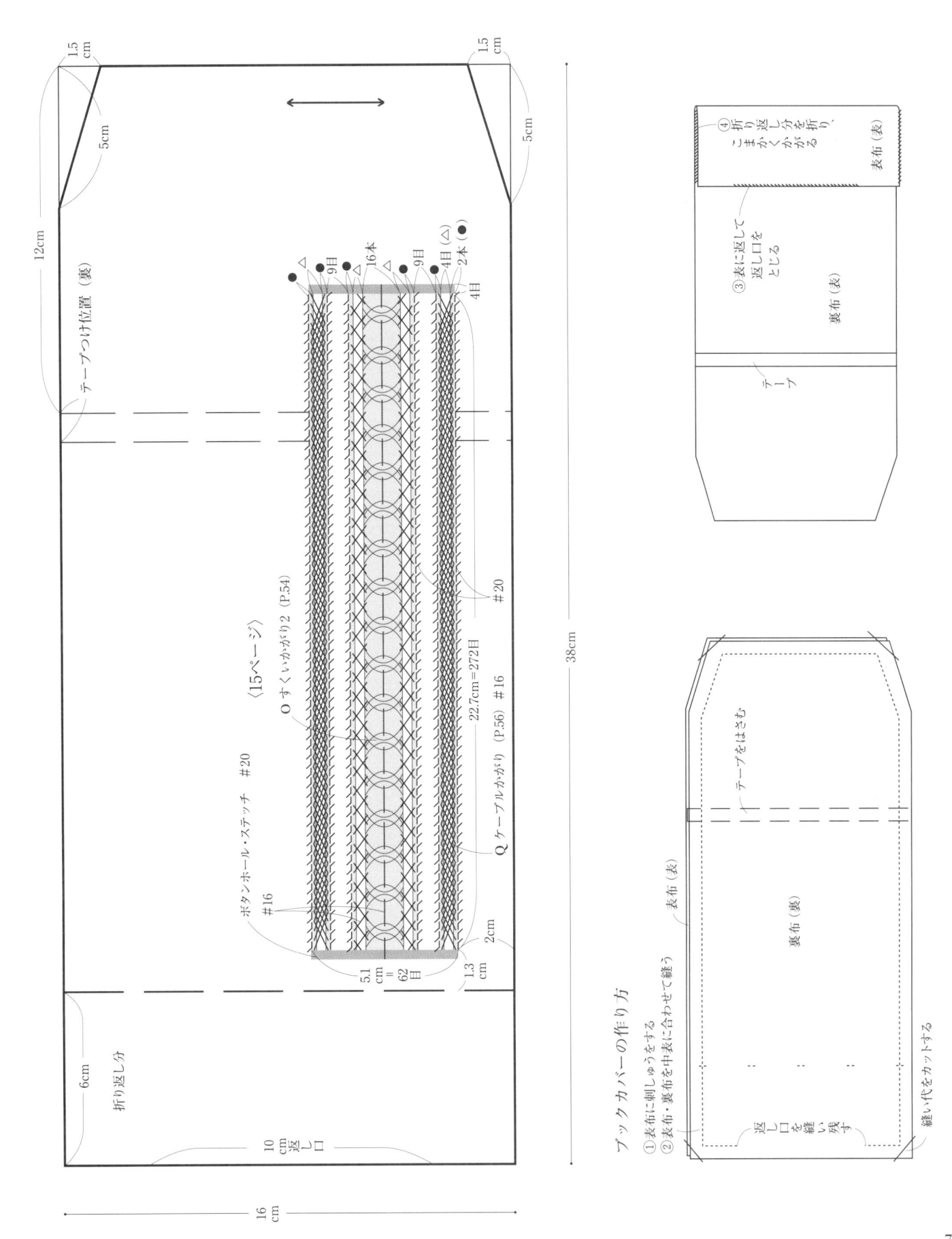

1.5 cm / 1.5 cm
5cm / 5cm
12cm

テープつけ位置（裏）

●△ ●△ 16本 ●△ 9目 4目(△) 2本(●)
4目

ボタンホール・ステッチ #20
#16

〈15ページ〉
O すくいかがり2 (P.54)

Q テーブルかがり (P.56) #16
#20

22.7cm=272目
5.1cm=62目
1.3cm
2cm

38cm

6cm 折り返し分

10cm 返し口

16cm

ブックカバーの作り方

①表布に刺しゅうをする
②表布・裏布を中表に合わせて縫う
③表に返して返し口をとじる
④折り返し分を折り、こまかくかがる

表布（表）
裏布（表）
テープ

テープをはさむ
表布（表）
裏布（裏）

返し口を縫い残す
縫い代をカットする

77

P.16 〈 ピンクッション&ソーイングケース 〉

材料

布／〈ピンクッション〉DMCリネン32カウント
　　（1cm角＝布目12目×12目）
　　白（B5200）25cm×15cm
　　淡茶（3782）20cm×10cm（裏布用）
　　〈ソーイングケース〉DMCリネン32カウント
　　（1cm角＝布目12目×12目）
　　淡茶（3782）30cm×18cm
糸／DMC刺しゅう糸
　　〈ピンクッション〉アブローダー　白（BLANC）
　　#16、#20
　　25番刺しゅう糸　生成り（ECRU）
　　〈ソーイングケース〉アブローダー　生成り（ECRU）
　　#16、#20
　　25番刺しゅう糸　生成り（ECRU）
　　コットンパール#8　生成り（ECRU）
その他／〈ピンクッション〉綿適宜
　　〈ソーイングケース〉裏布用木綿地　26cm×15cm
　　フェルト　40cm×33cm
　　幅0.6cmのサテンリボン　33cm
でき上がり寸法　図参照

作り方

〈ピンクッション〉
1　前側表布の中央から布目を数えて糸を抜き、E 3段の結びかがりとボタンホール・ステッチをします。
2　I 花かがり1の要領で角をかがります。
3　余分な縫い代を裁ち落とし、図のように仕立てます。

〈ソーイングケース〉
1　表布の指定の位置の糸を抜き、A 片ヘムかがり、ボタンホール・ステッチ、C フォーサイド・ステッチをします。
2　F ジグザグかがりをします。
3　L 花かがり3の要領で中央の模様をかがります。
4　余分な縫い代を裁ち落とし、図のように仕立てます。

〈ピンクッション〉
✲ 寸法と図案 ✲
・刺しゅうは糸1本どり、指定以外は#16
・前側は刺しゅうをしてから縫い代を1cmつけて裁ち整える
・布の寸法は後ろ側1枚、裏布2枚も共通

前側　1枚　15cm角に裁って刺しゅうをする

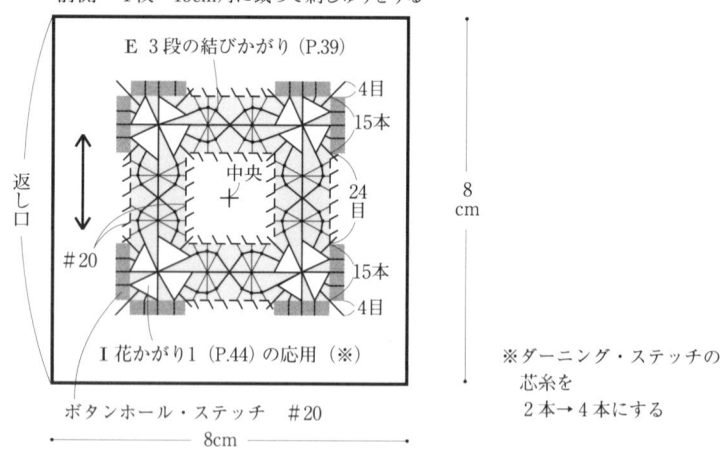

E 3段の結びかがり（P.39）
中央
#20
I 花かがり1（P.44）の応用（※）
ボタンホール・ステッチ　#20

※ダーニング・ステッチの芯糸を2本→4本にする

作り方
①刺しゅうをする
②中表に合わせ、返し口を残して縫う
③裏布を同様に縫って表に返し、綿をつめて返し口をとじる
⑤③を入れて返し口をとじる。このとき、④をはさむ
⑥まわりの縫い目の上にチェーン・ステッチ（P.71）25番刺しゅう糸4本どり
④タッセルを作る

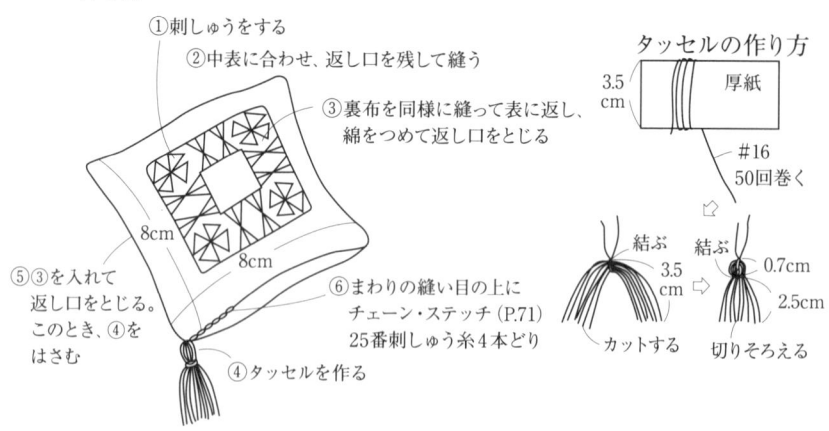

タッセルの作り方
3.5cm　厚紙
#16　50回巻く
結ぶ
3.5cm
カットする
結ぶ
0.7cm
2.5cm
切りそろえる

よりひもの作り方
1　セロハンテープでとめる
2　二つ折りにし、①と逆方向による
3

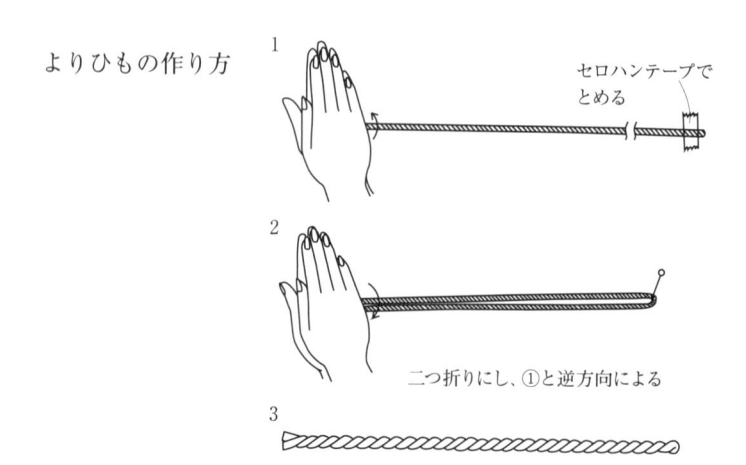

⟨ソーイングケース⟩

✲ 寸法と図案 ✲
・刺しゅうは糸1本どり、指定以外は#16
・表布は刺しゅうをしてから、まわりに1cmの縫い代をつけて裁ち整える
・裏布は表布と同寸に裁つ

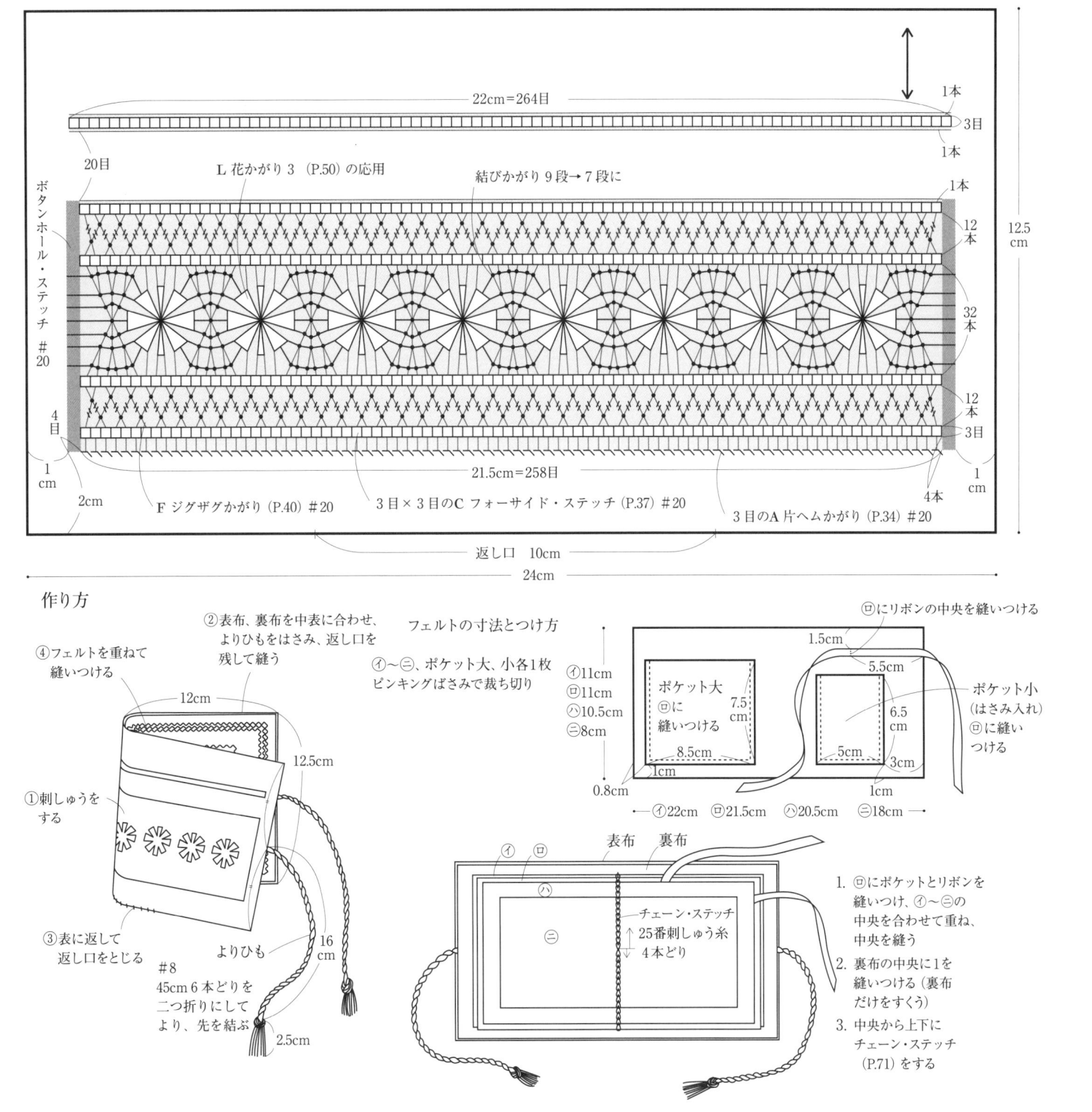

22cm=264目 — 1本 / 3目 / 1本
20目
ボタンホール・ステッチ #20
L 花かがり 3 (P.50) の応用
結びかがり 9段→7段に
1本
12本
32本
12本
3目
4目
1本
4本
1cm
2cm
F ジグザグかがり (P.40) #20
3目×3目のC フォーサイド・ステッチ (P.37) #20
3目のA 片ヘムかがり (P.34) #20
21.5cm=258目
12.5cm
返し口 10cm
24cm

作り方

④フェルトを重ねて縫いつける
②表布、裏布を中表に合わせ、よりひもをはさみ、返し口を残して縫う
フェルトの寸法とつけ方
㋑〜㋥、ポケット大、小各1枚ピンキングばさみで裁ち切り
㋥にリボンの中央を縫いつける

12cm
12.5cm
①刺しゅうをする
③表に返して返し口をとじる
よりひも
#8
45cm 6本どりを二つ折りにしてより、先を結ぶ
16cm
2.5cm

㋑11cm
㋺11cm
㋩10.5cm
㋥8cm

ポケット大 ㋥に縫いつける
7.5cm
8.5cm
1cm
0.8cm

1.5cm
5.5cm
ポケット小 (はさみ入れ) ㋥に縫いつける
6.5cm
5cm
3cm
1cm

㋑22cm ㋺21.5cm ㋩20.5cm ㋥18cm

表布 裏布
㋑ ㋺ ㋩ ㋥
チェーン・ステッチ
25番刺しゅう糸
4本どり

1. ㋥にポケットとリボンを縫いつけ、㋑〜㋥の中央を合わせて重ね、中央を縫う
2. 裏布の中央に1を縫いつける(裏布だけをすくう)
3. 中央から上下にチェーン・ステッチ (P.71) をする

79

P.21 〈 ドイリー 〉

材料
布／DMCリネン32カウント
　（1cm角＝布目12目×12目）
　白（B5200）42cm角
糸／DMC刺しゅう糸
　アブローダー　白（BLANC）#16を2束、#20を1束
　25番刺しゅう糸　白（BLANC）
でき上がり寸法　32cm角
作り方
1　中央にTあじさいかがりをします。
2　1のまわりにE 3段の結びかがり、H くもの巣かがり
　をします。
3　余分な縫い代を裁ち落とし、まわりを三つ折りにして
　A 片ヘムかがりで始末します。

✦ 寸法と図案 ✦
・刺しゅう糸は指定以外1本どり
・刺し終わってから、まわりに4cm
　ずつ縫い代をつけて裁ち整える

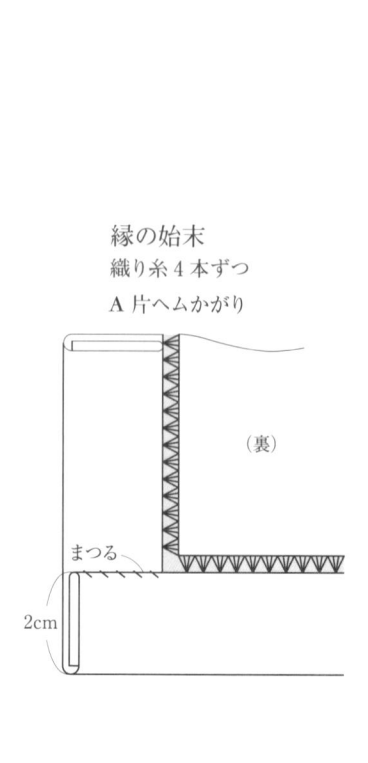

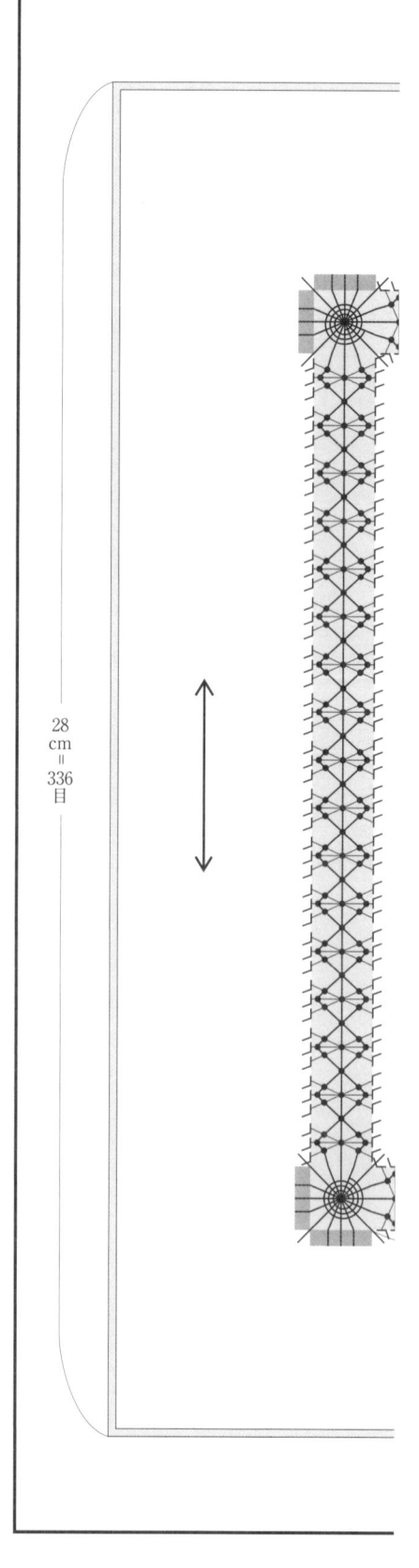

28cm＝336目

縁の始末
織り糸4本ずつ
A 片ヘムかがり

（裏）
まつる
2cm

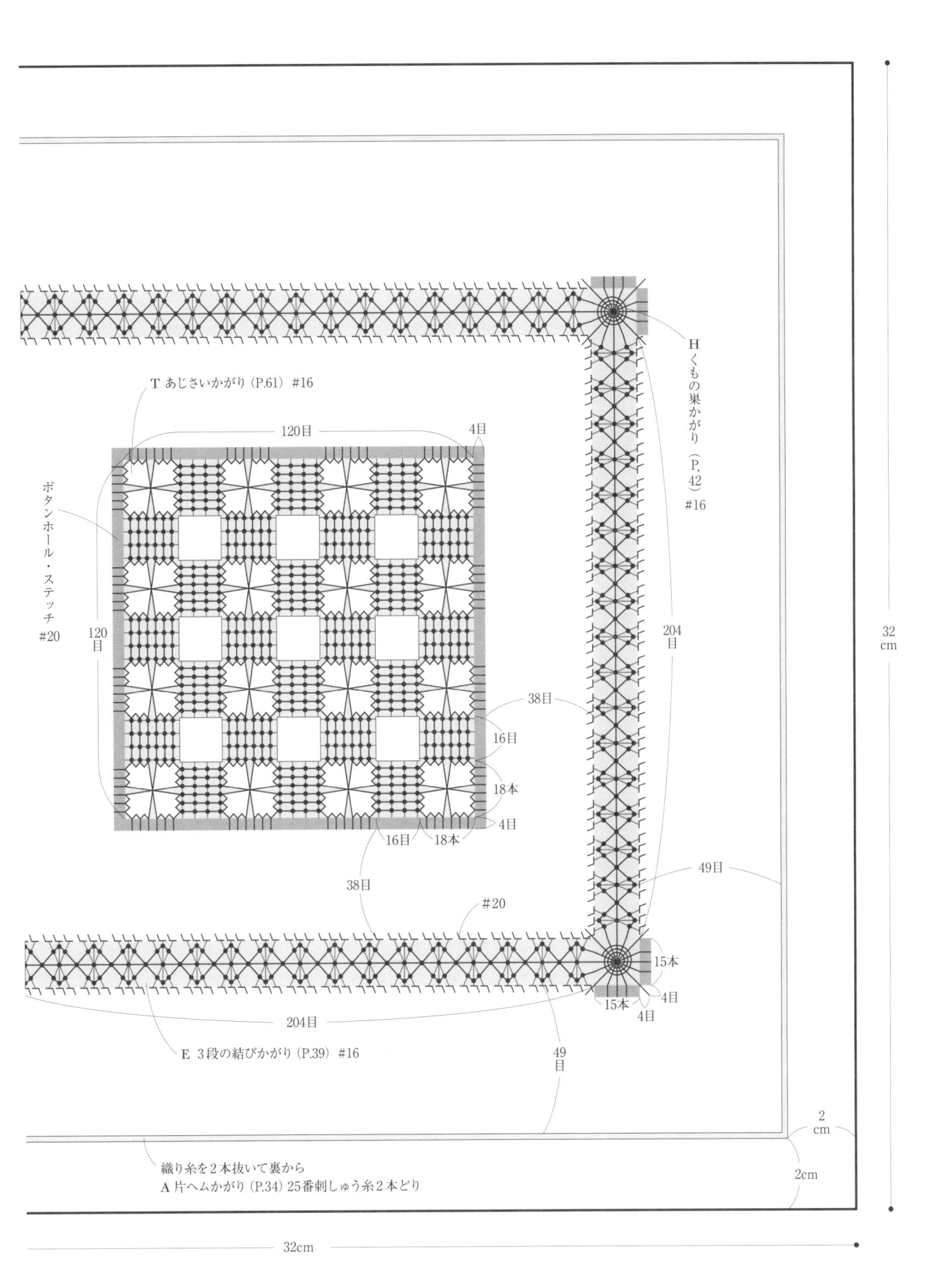

T あじさいかがり (P.61) #16

H くもの巣かがり (P.42) #16

ボタンホール・ステッチ #20

120目

120目

4目

204目

38目

16目

18本

18本

16目

4目

38目

49目

49目

15本

15本

4目

4目

204目

E 3段の結びかがり (P.39) #16

#20

織り糸を2本抜いて裏から
A 片ヘムかがり (P.34) 25番刺しゅう糸2本どり

32cm

32cm

2cm

2cm

P.22 〈 ドイリー 〉

材料
布／DMCリネン32カウント
　（1cm角＝布目12目×12目）　白（B5200）41cm角
糸／DMC刺しゅう糸
　アブローダー　白（BLANC）#16を3束、#20を1束
　25番刺しゅう糸　白（BLANC）
でき上がり寸法　31cm角
作り方
1　指定の位置に K さぎ草かがりをします。
2　1のまわりに C フォーサイド・ステッチをします。
3　余分な縫い代を裁ち落とし、まわりを三つ折りにして
　　A 片ヘムかがりで始末します。

✦ 寸法と図案 ✦
・刺しゅう糸は指定以外1本どり
・刺し終わってから、まわりに4cm
　ずつ縫い代をつけて裁ち整える

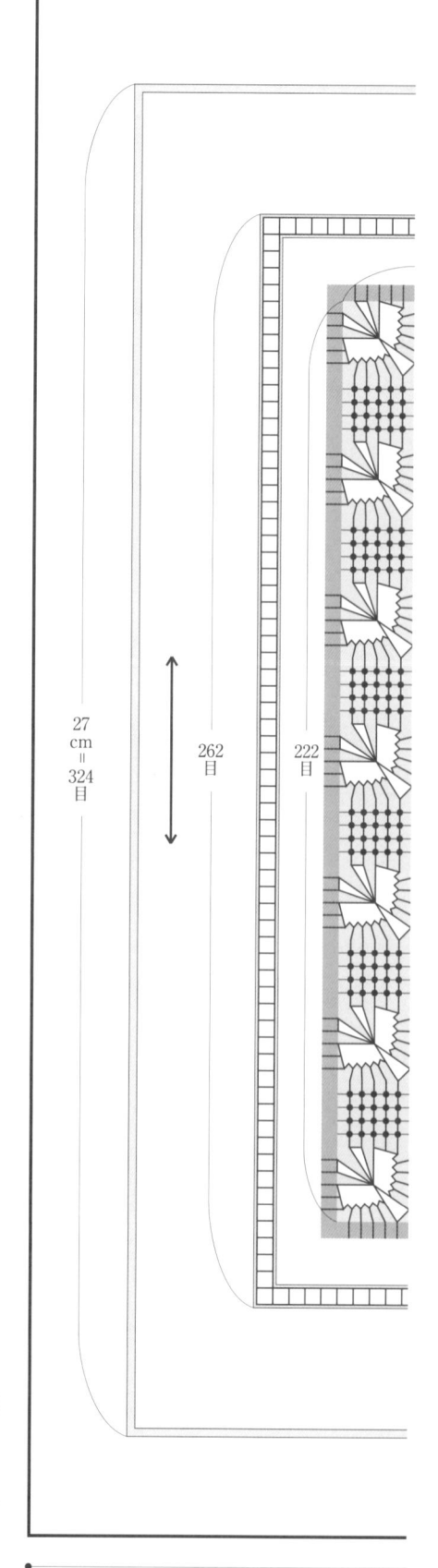

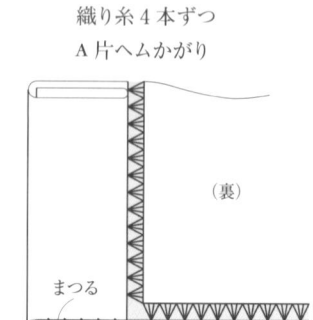

27cm＝324目
262目
222目

縁の始末
織り糸4本ずつ
A 片ヘムかがり

（裏）
まつる
2cm

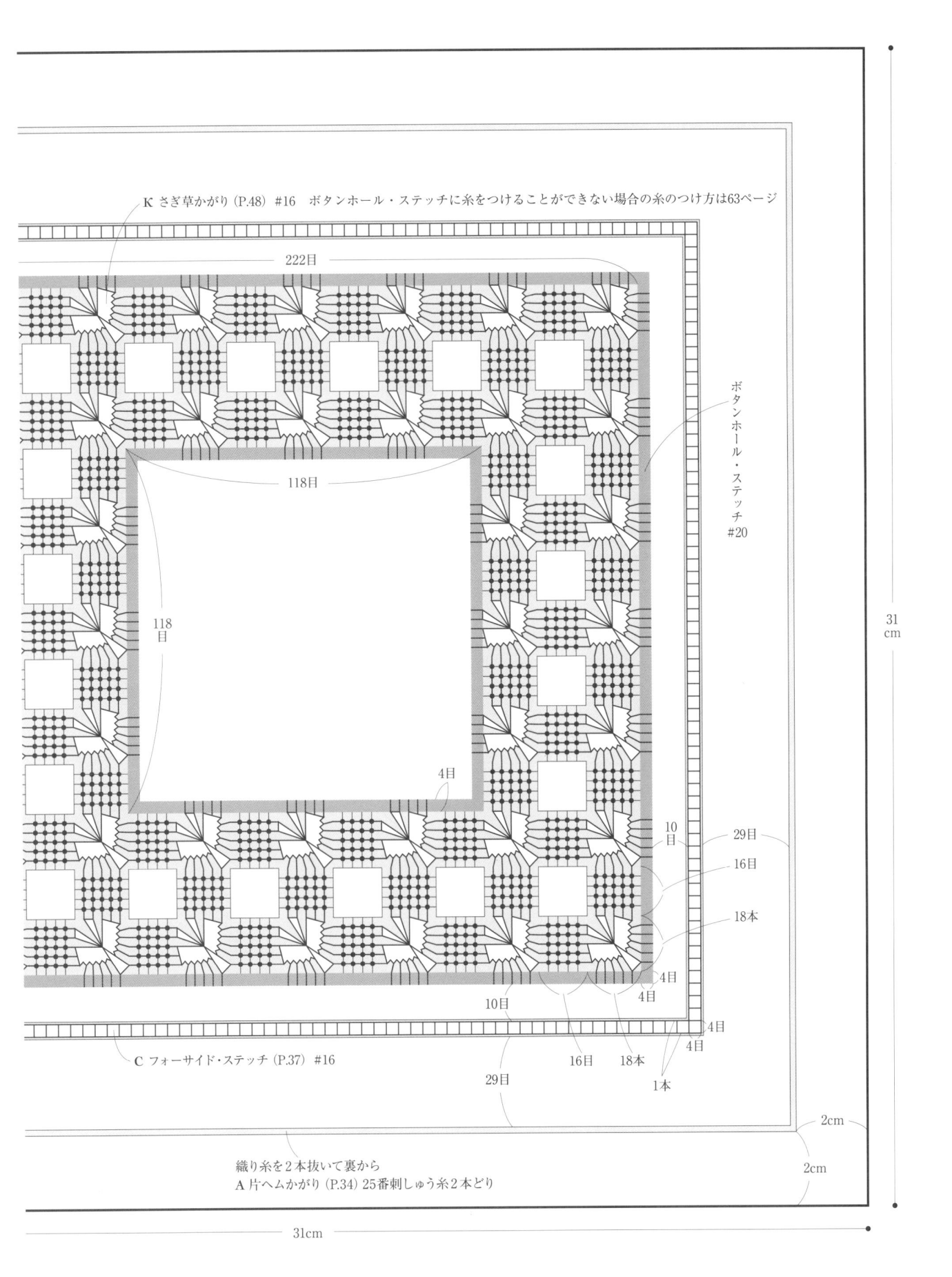

K さぎ草かがり (P.48) #16　ボタンホール・ステッチに糸をつけることができない場合の糸のつけ方は63ページ

222目

118目

118目

4目

ボタンホール・ステッチ #20

31cm

10目
29目
16目
18本
4目
4目
1本
10目
16目
18本
29目
4目

C フォーサイド・ステッチ (P.37) #16

織り糸を2本抜いて裏から
A 片ヘムかがり (P.34) 25番刺しゅう糸2本どり

2cm
2cm

31cm

83

P.24 〈 ドイリー 〉

✦ 寸法と図案 ✦
・刺しゅう糸は指定以外1本どり
・刺しゅうが終わってから、まわりに5cm
　ずつ縫い代をつけて裁ち整える

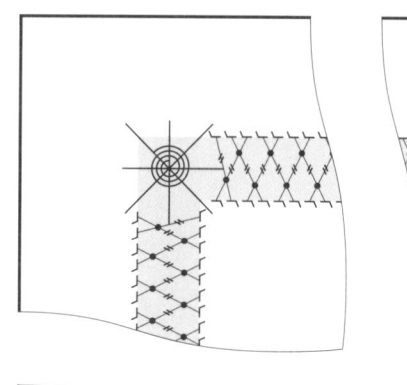

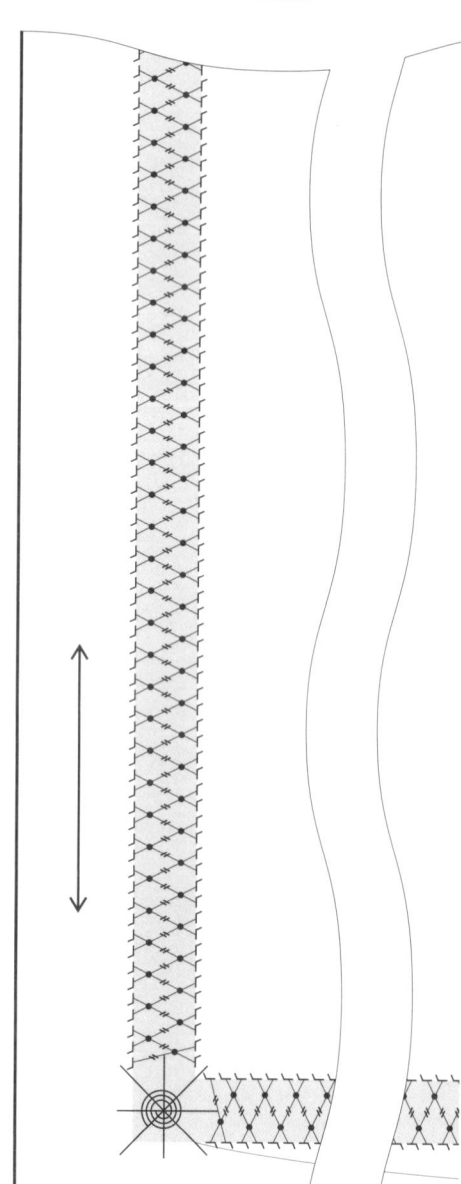

材料
布／DMC リネン 32 カウント
　（1cm 角＝布目 12 目×12 目）　白（B5200）60cm 角
糸／DMC 刺しゅう糸
　アブローダー　白（BLANC）＃16 を1束、＃20 を2束
　25 番刺しゅう糸　白（BLANC）

でき上がり寸法　47.5cm 角

作り方
1　指定の位置に S ひまわりかがり、T あじさいかがりを
　します。
2　1のまわりに F ジグザグかがりをします。
3　余分な縫い代を裁ち落とし、まわりを三つ折りにして
　A 片ヘムかがりの縁の始末の場合で始末します。
4　角に H くもの巣かがりをします。

縁の始末
裏側からFの両ヘムかがりの外側に重ねて
A 片ヘムかがり（P.35）
25番刺しゅう糸2本どり

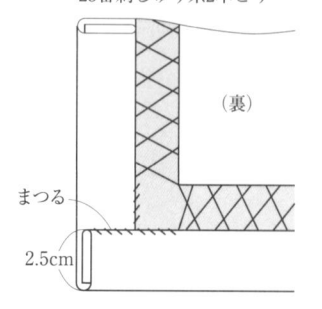

（裏）
まつる
2.5cm

くもの巣かがりの糸の渡し方

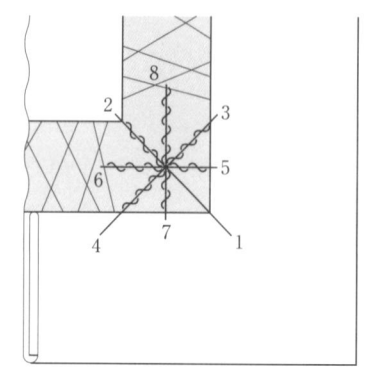

T あじさいかがり (P.61) の応用 #20

S ひまわりかがり (P.58) #20

ボタンホール・ステッチ #20

16.6 cm = 200目

476目

47.5 cm

2.5 cm

20本
16目
20本
4目

6.2 cm

22目

20本　16目　20本　4目

6.2cm

#20

476目

F ジグザグかがり (P.40) #16

H くもの巣かがり (P.42) #16

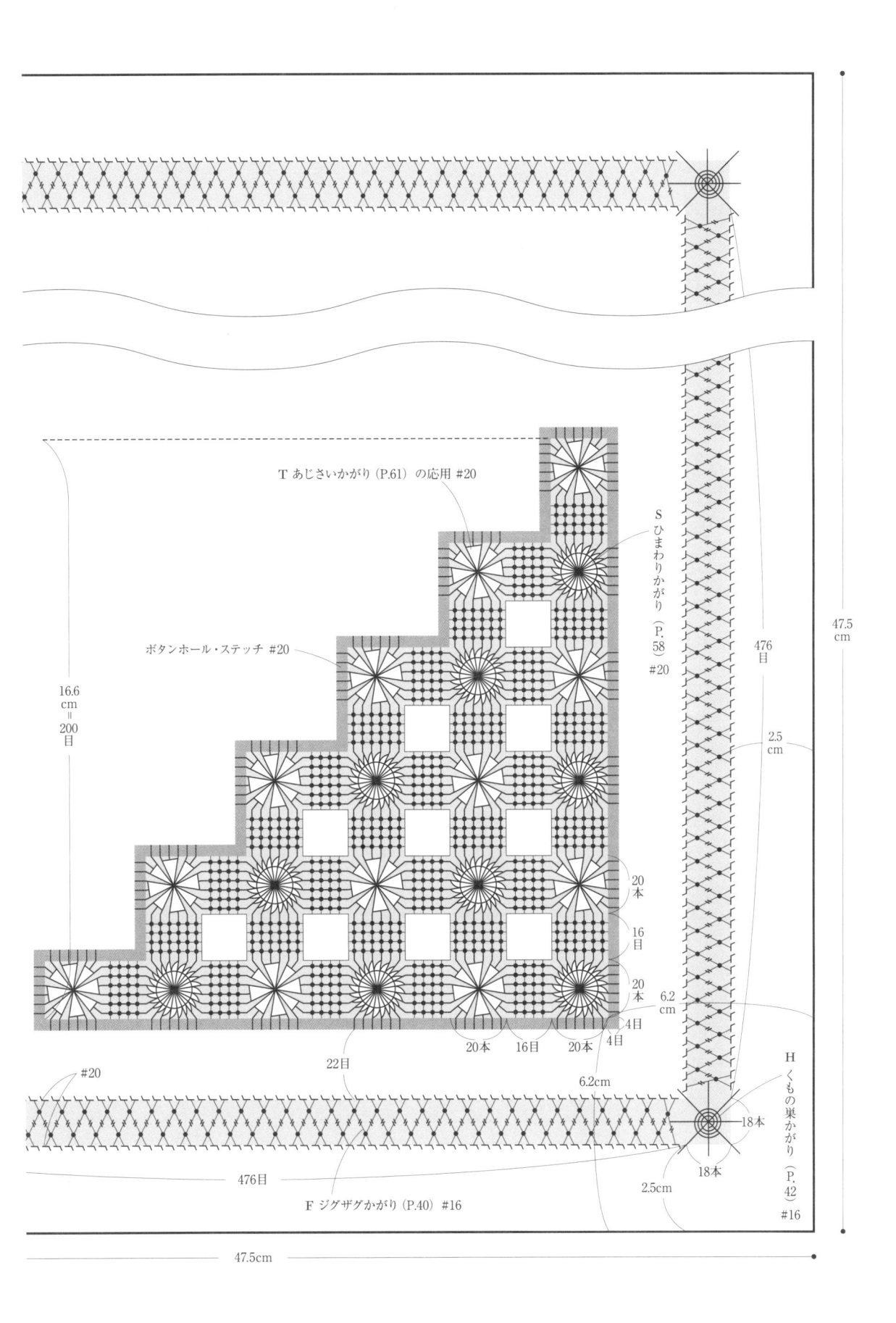

18本
18本

2.5cm

47.5cm

P.26 〈 テーブルセンター 〉

材料(1枚分)
布／DMCリネン32カウント
　(1cm角＝布目12目×12目)　生成り(3865)
　〈上〉100cm×61cm
　〈下〉100cm×63cm
糸／DMC刺しゅう糸
　アブローダー　白(BLANC) #16〈上〉2束　〈下〉1束
　　　　　　　　　　　　#20各1束
　25番刺しゅう糸　生成り(3865)
でき上がり寸法
　〈上〉85cm×47cm
　〈下〉85cm×49cm

作り方
1　布の中心から布目を数え、指定の位置にリバース ファゴット・ステッチをします。
2　1の左右にボタンホール・ステッチとA 片ヘムかがりでまわりをかがってから〈上〉はQ ケーブルかがり、E 3段の結びかがり、C フォーサイド・ステッチ、L 花かがり3、〈下〉はQ ケーブルかがり、E 3段の結びかがり、O すくいかがり2をします。
3　余分な縫い代を裁ち落とし、まわりを三つ折りにしてA 片ヘムかがりで始末します。

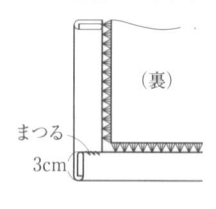

✣ 寸法配置図 ✣
・刺し終わってから、まわりに6cmずつ縫い代をつけて裁ち整える

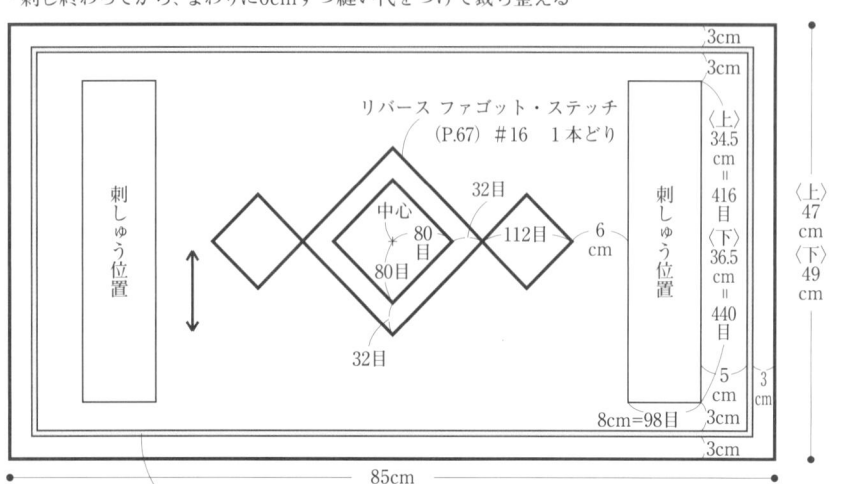

〈上〉 98目

ボタンホール・ステッチ #20

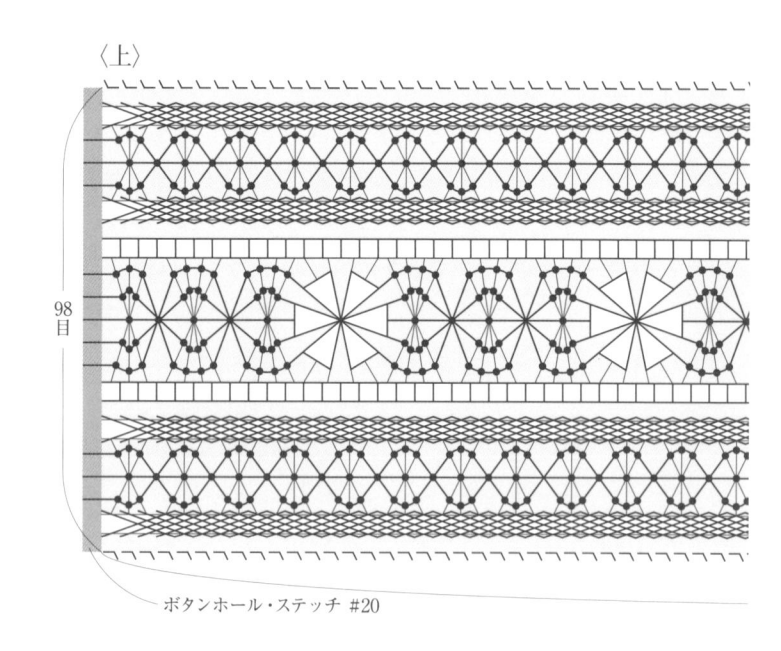

縁の始末
織り糸4本ずつ
A 片ヘムかがり
(裏)
まつる
3cm

リバース ファゴット・ステッチ (P.67) #16　1本どり
32目
中心 80目 80目
112目
32目
6cm
刺しゅう位置
刺しゅう位置
〈上〉34.5cm=416目
〈下〉36.5cm=440目
〈上〉47cm
〈下〉49cm
5cm
3cm
3cm
3cm
3cm
8cm=98目
85cm
織り糸を2本抜いて裏からA 片ヘムかがり(P.34)
25番刺しゅう糸2本どり

〈下〉 98目

ボタンホール・ステッチ #20

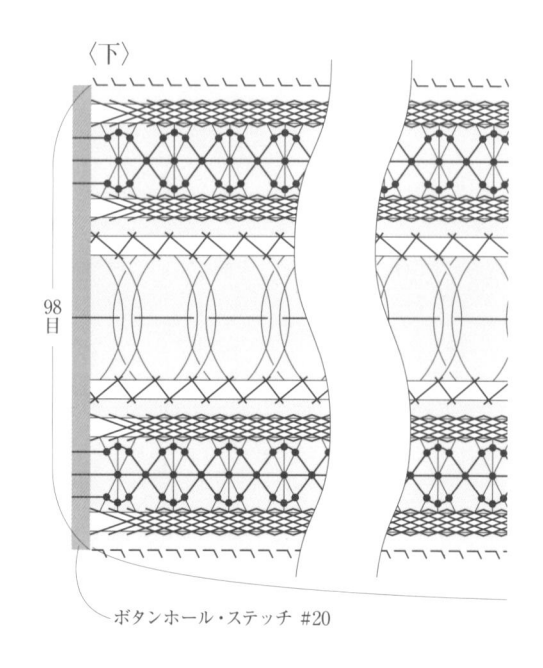

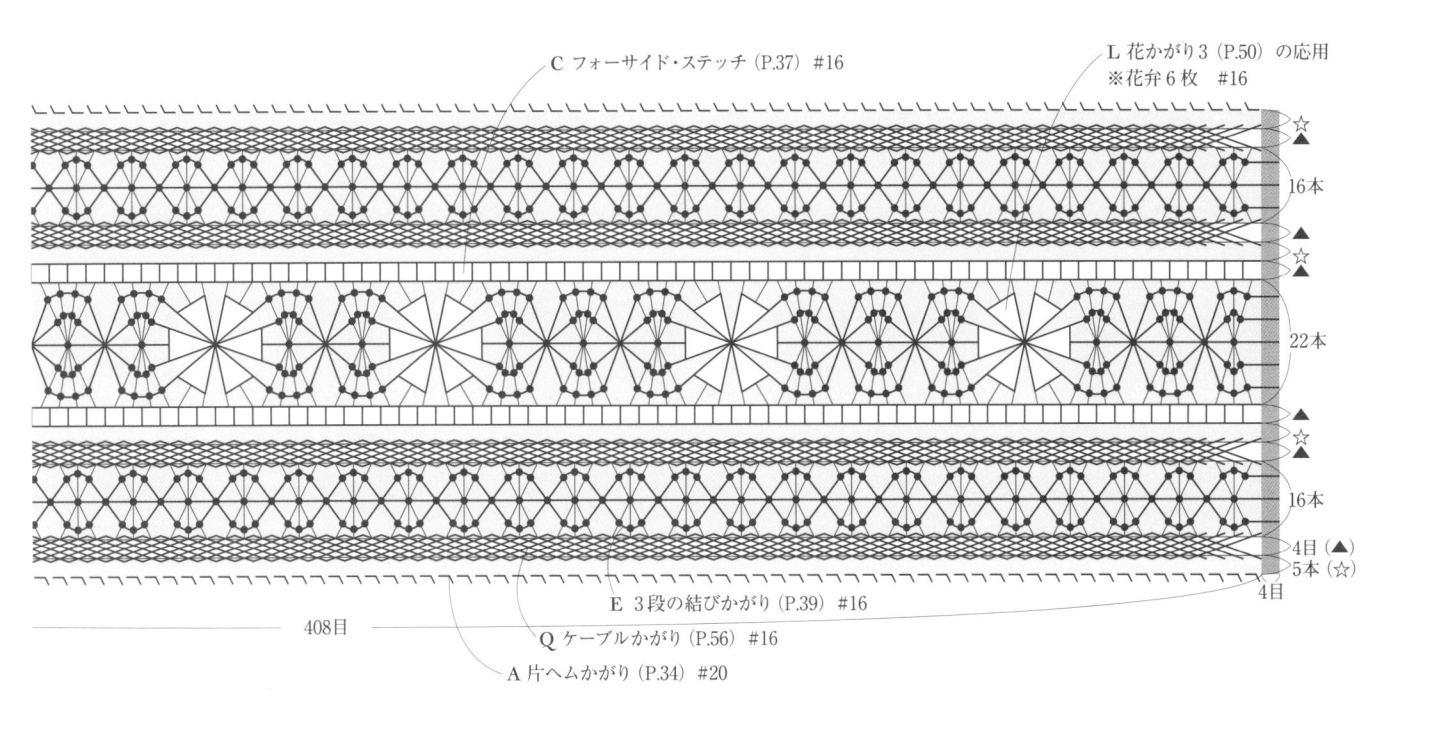

C フォーサイド・ステッチ（P.37）#16　　　　　　　　　　　　　　　　L 花かがり3（P.50）の応用
　　　　　　　　　　　　　　　　　　　　　　　　　　　　　　　　　※花弁6枚　#16

☆
▲
16本
▲
☆
▲
22本
▲
☆
▲
16本
4目（▲）
5本（☆）
4目

408目　　　　E 3段の結びかがり（P.39）#16
　　　　　　　Q ケーブルかがり（P.56）#16
　　　　　　A 片ヘムかがり（P.34）#20

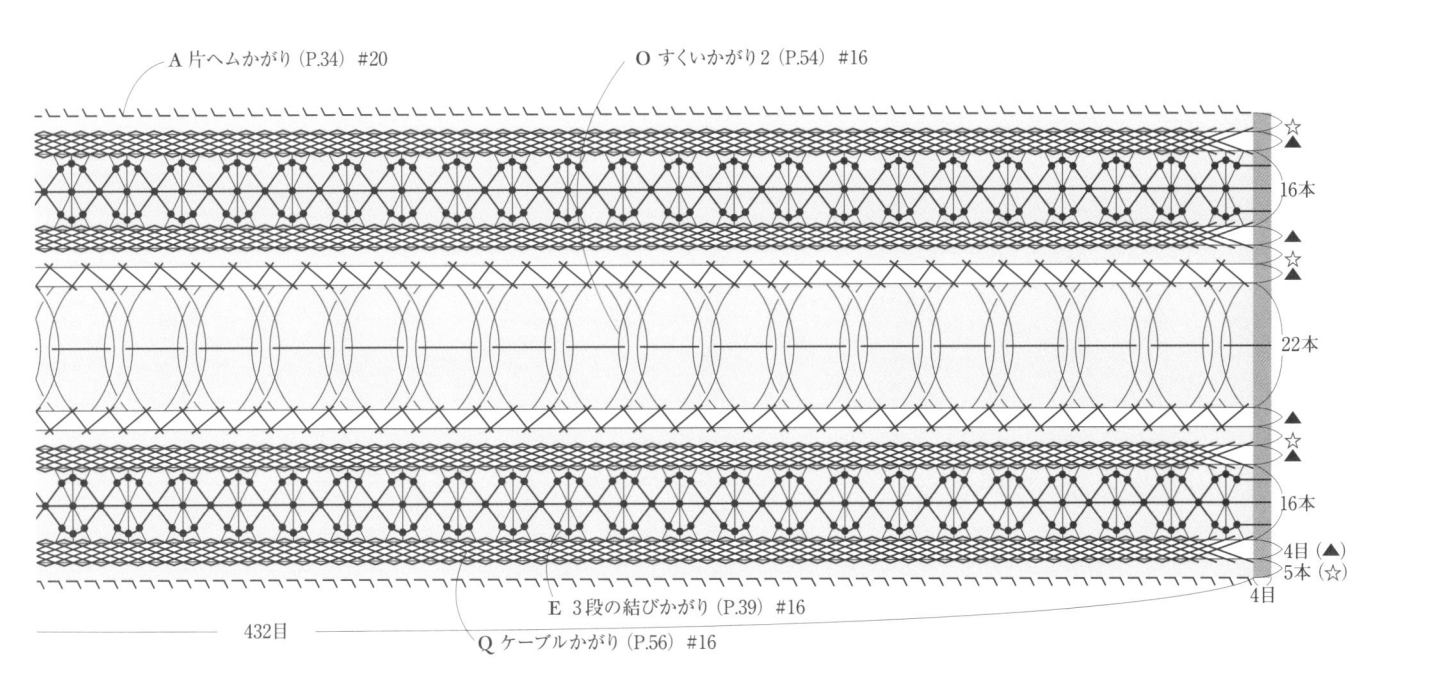

A 片ヘムかがり（P.34）#20　　　　O すくいかがり2（P.54）#16

☆
▲
16本
▲
☆
▲
22本
▲
☆
▲
16本
4目（▲）
5本（☆）
4目

432目　　　　E 3段の結びかがり（P.39）#16
　　　　　　　Q ケーブルかがり（P.56）#16

87

西須久子（にしす・ひさこ）
雄鶏手芸アカデミー卒業。板垣文恵氏に師事。
日本アートクラフト協会（JACA）理事。
雄鶏手芸アカデミーの頃から雄鶏社出版物に作品を制作発表。
様々なテクニックを駆使した作品に定評がある。

デザイン・制作	西須久子
制作協力	伊東保子　奥村美紗子　佐藤恵子　丸山美紀
撮影	小泉佳春
プロセス撮影	中辻渉
スタイリング	道広哲子
レイアウト	天野美保子
トレース	ムックハウス Jr.
編集担当	佐藤周子
作り方解説	金井扶佐子

撮影協力
（株）亀島商店
〒541-0056　大阪市中央区久太郎町4-1-15　南御堂ビルディング4階
Tel.06-6245-2000（代）

Drawn Thread Embroidery
はじめてのドロンワーク

2009年11月9日　第1刷発行
2023年9月1日　第6刷発行
著　者　西須久子
発行者　清木孝悦
発行所　学校法人文化学園 文化出版局
　　　　〒151-8524　東京都渋谷区代々木3-22-1
　　　　tel.03-3299-2489（編集）
　　　　tel.03-3299-2540（営業）
印刷・製本所　株式会社文化カラー印刷

©Hisako Nishisu 2009　Printed in Japan
本書の写真、カット及び内容の無断転載を禁じます。

・本書のコピー、スキャン、デジタル化等の無断複製は著作権法上での例外を除き、禁じられています。
　本書を代行業者等の第三者に依頼してスキャンやデジタル化することは、たとえ個人や家庭内での利用でも著作権法違反になります。
・本書で紹介した作品の全部または一部を商品化、複製頒布、及びコンクールなどの応募作品として出品することは禁じられています。
・撮影状況や印刷により、作品の色は実物と多少異なる場合があります。ご了承ください。

文化出版局のホームページ https://books.bunka.ac.jp/